Franz

LISZT

AN ALBUM FOR PIANO

VOLUME I

Sonata in B Minor
Mephisto Valse No. 4
6 Consolations
3 Concert Etudes
La Campanella

FOR PIANO

K 03621

Kalmus

SONATE.

Franz Liszt.
(1811–1886.)

EDWIN F. KALMUS

ff
rinforzando
sempre f ed agitato
marcato
marcato
più rinforzando

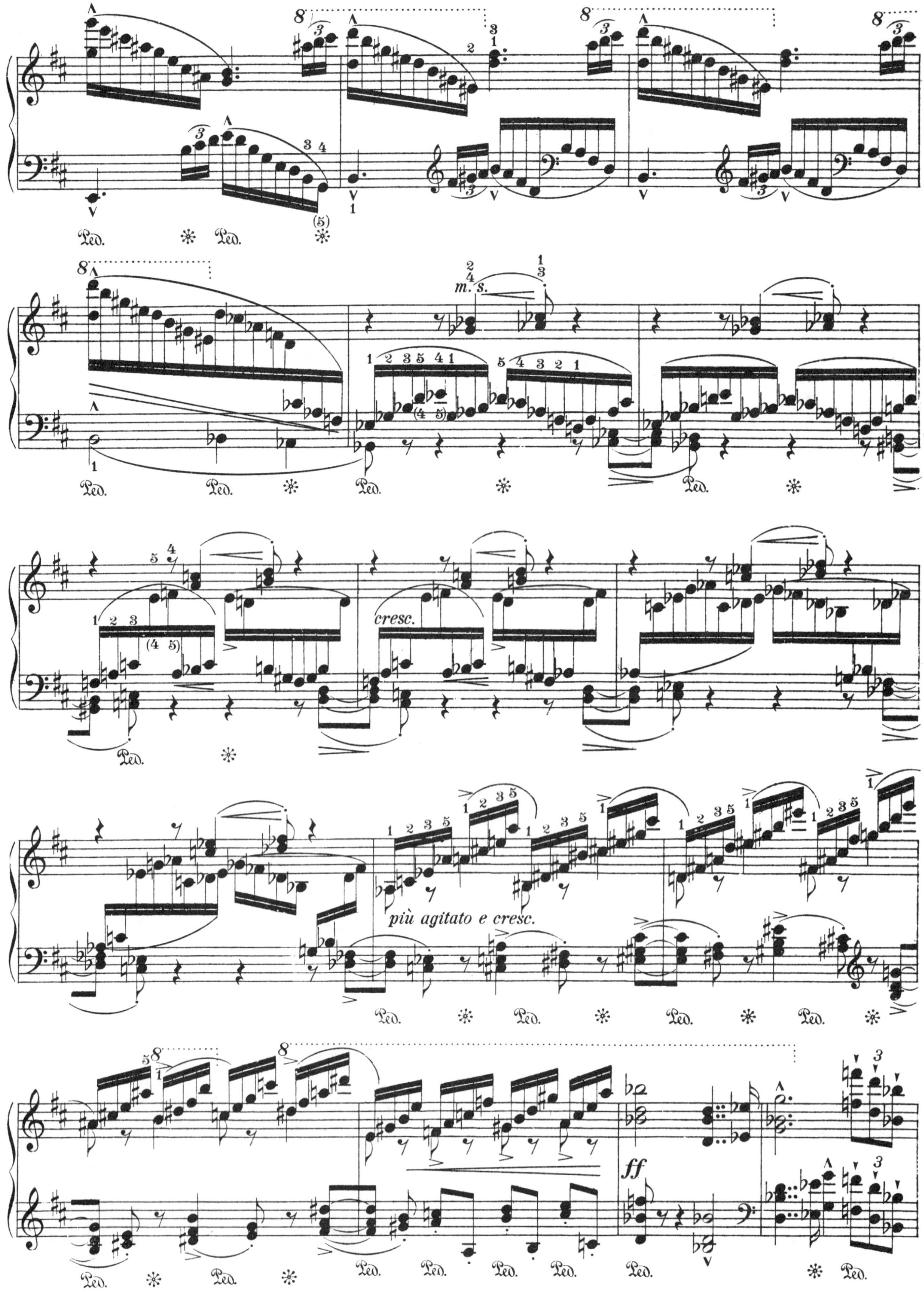
m. s.
cresc.
più agitato e cresc.
ff
Ped.

rinforz.
fff
sempre staccato ed energico assai
rinforzando

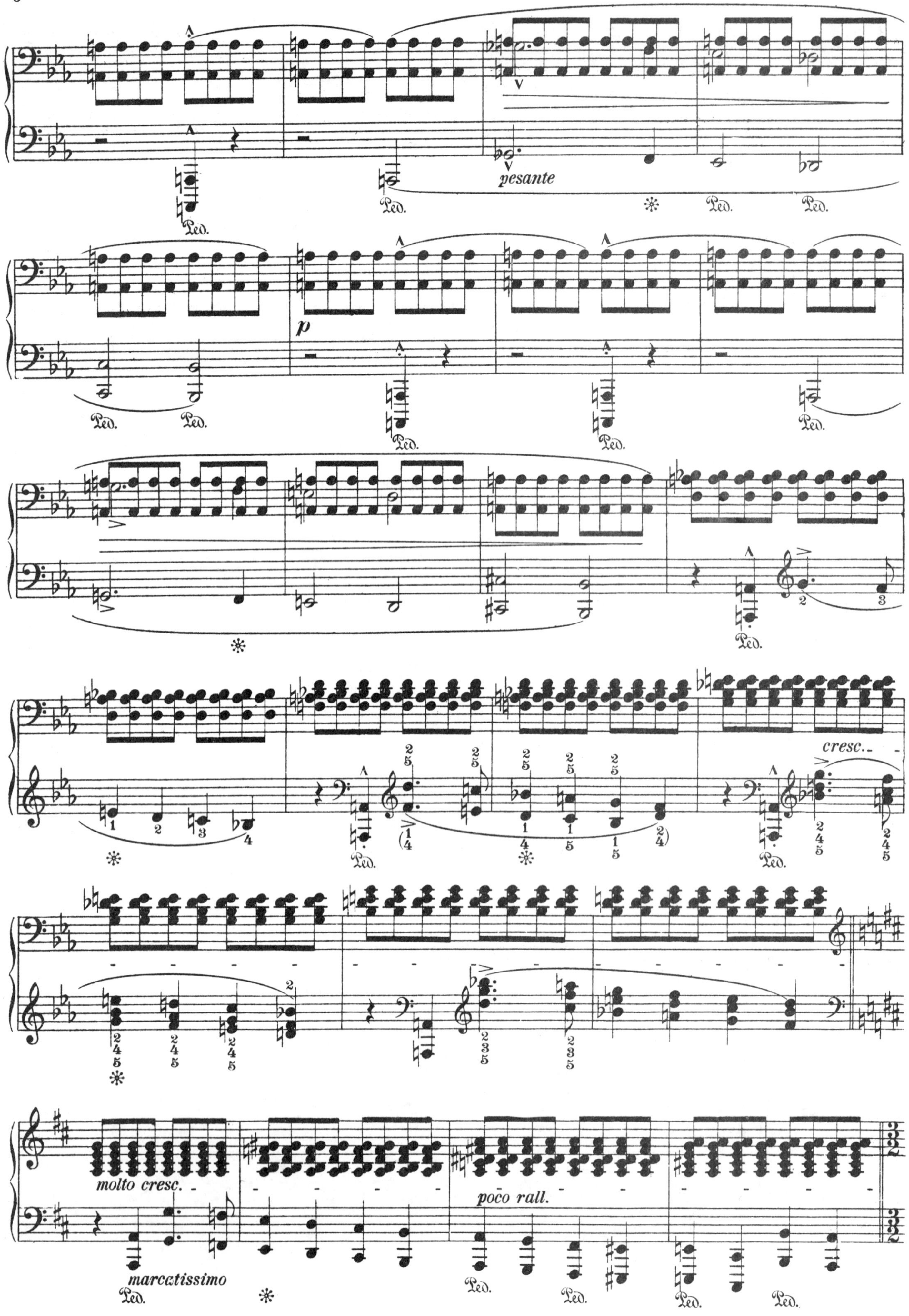
pesante
p
cresc.
molto cresc.
marcatissimo
poco rall.

Grandioso.
ff
Ped.
fff
sf
p
ff
ritenuto e dimin.
in tempo
m.s.
pp
dolce con grazia

Ped.
poco rallent.
molto riten.
a tempo
p
sempre p
rall.
a tempo
cantando espress.
smorz.
l'accompagnamento piano
pp

poco rit.
a tempo
dolce
cresc.
poco rall.
a tempo
rallent.
a tempo
dolce
Ped.

*) **NB.** Die Skala *rechts* unmerklich hervortreten lassen.

*) NB. Die mit Klammern bezeichneten Gruppen können auch links gespielt werden.

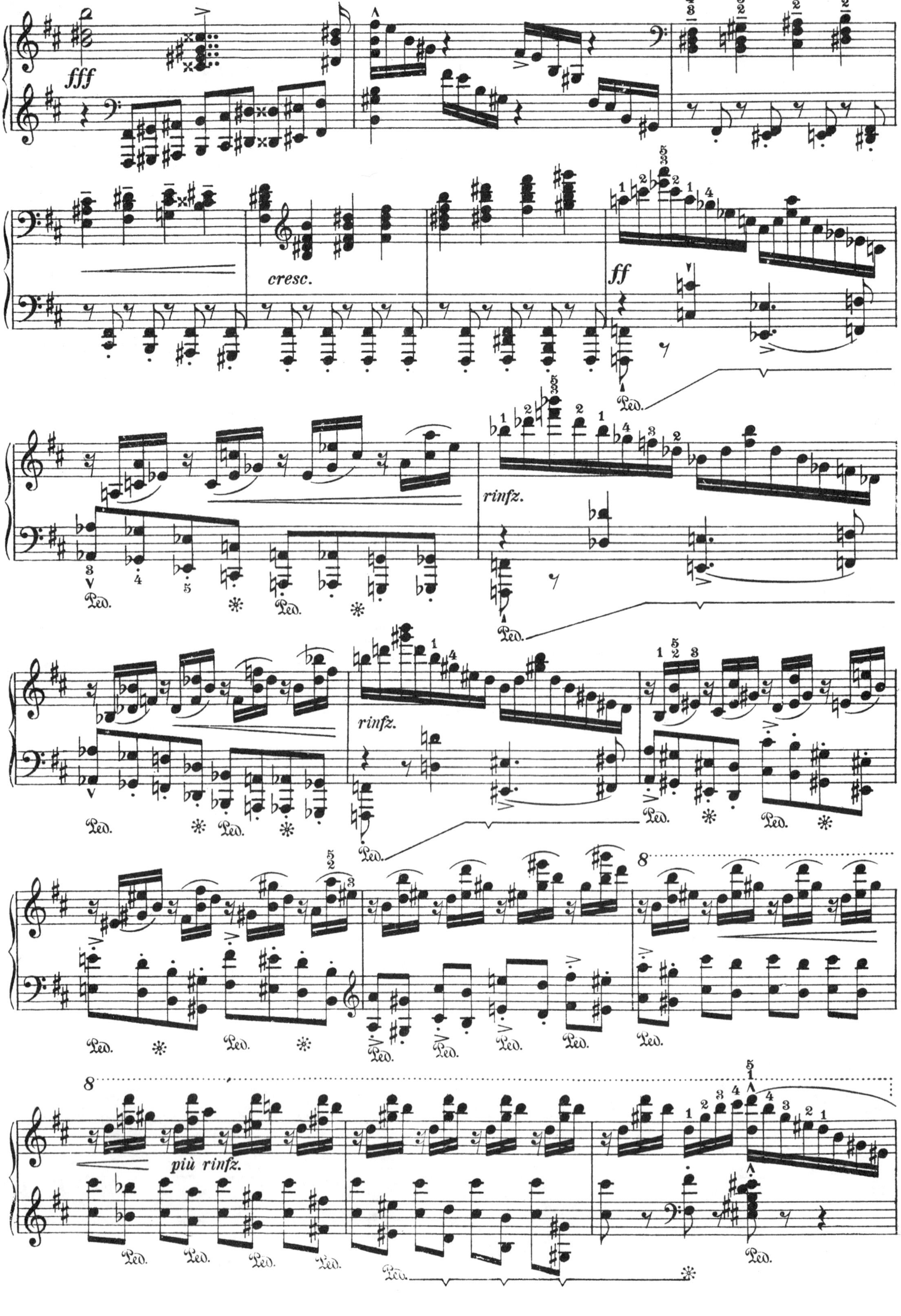
fff
cresc.
ff
Ped.
rinfz.
rinfz.
più rinfz.

stringendo
diminuendo
senza rit.
p vivamente
non legato
8
Ped.

8
cresc.
incalzando
non legato
senza Ped.
cresc.
senza Ped.
sempre ff con strepito

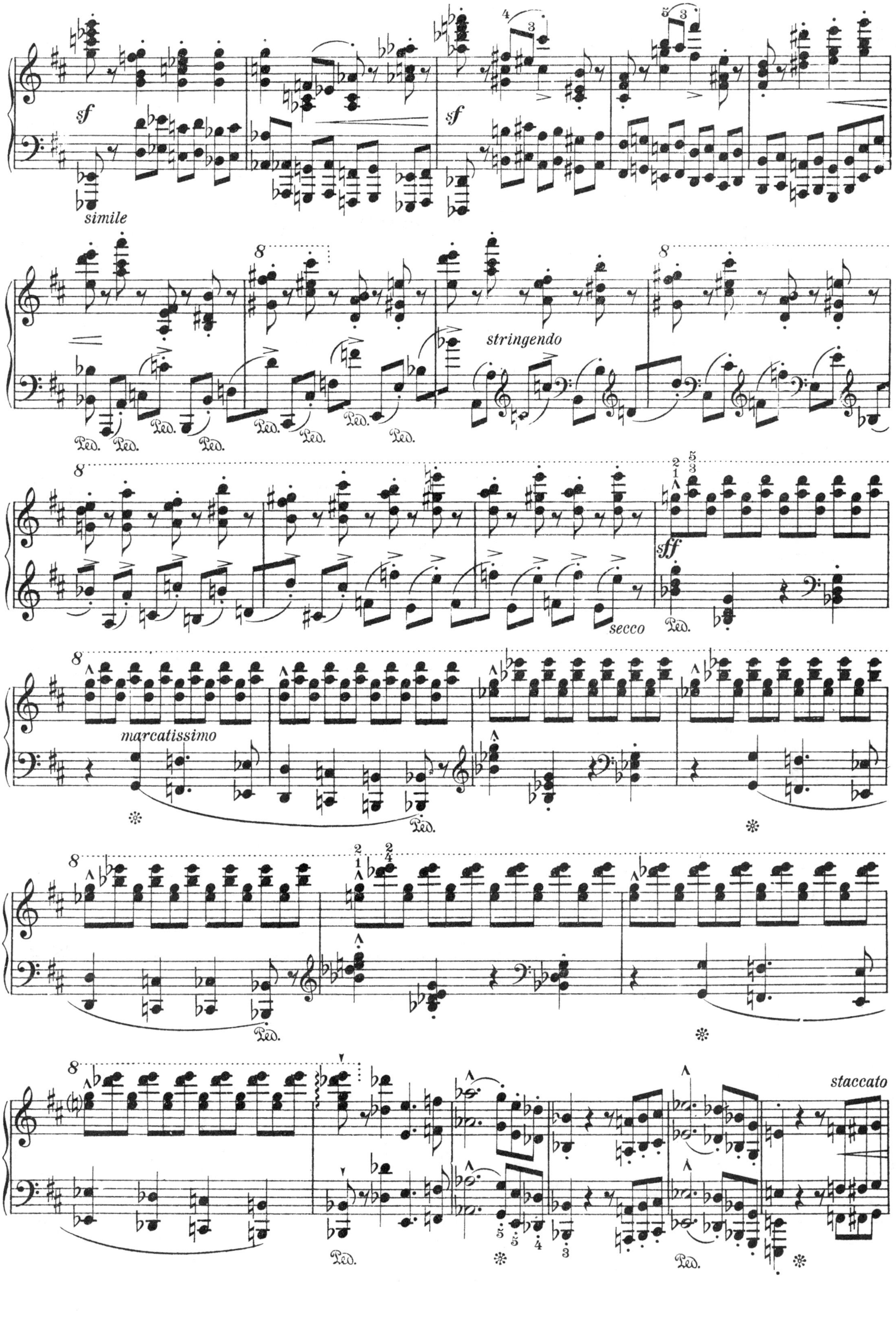
sf
simile
sf
stringendo
secco
sff
marcatissimo
staccato

poco rall.
a tempo
fff pesante
Recitativo.
f ritenuto ed appassionato
poco rallent.
a tempo
ff
Recitativo.
f ritenuto ed appassionato
a tempo
sempre f
accel.
in tempo
f marcato

f marcato
energico
segue
poco a poco dim.
ritenuto
molto
pp
ppp
una corda
Andante sostenuto.
dolce

poco riten.
Quasi adagio.
dolcissimo con intimo sentimento
pp
sempre una corda
ppp
tr
pp
smorz.
riten.
a tempo
dolcissimo
cresc.
ed agitato
rinforz.

mf
cresc.
Ped.
tre corde
f con passione
8
tr
rinforzando
mf
cresc.
f
cresc. molto

ff
ff
rinforz. assai
allarg.
ff
ff
fff
poco rallent.
a tempo
dolce
p
espr.

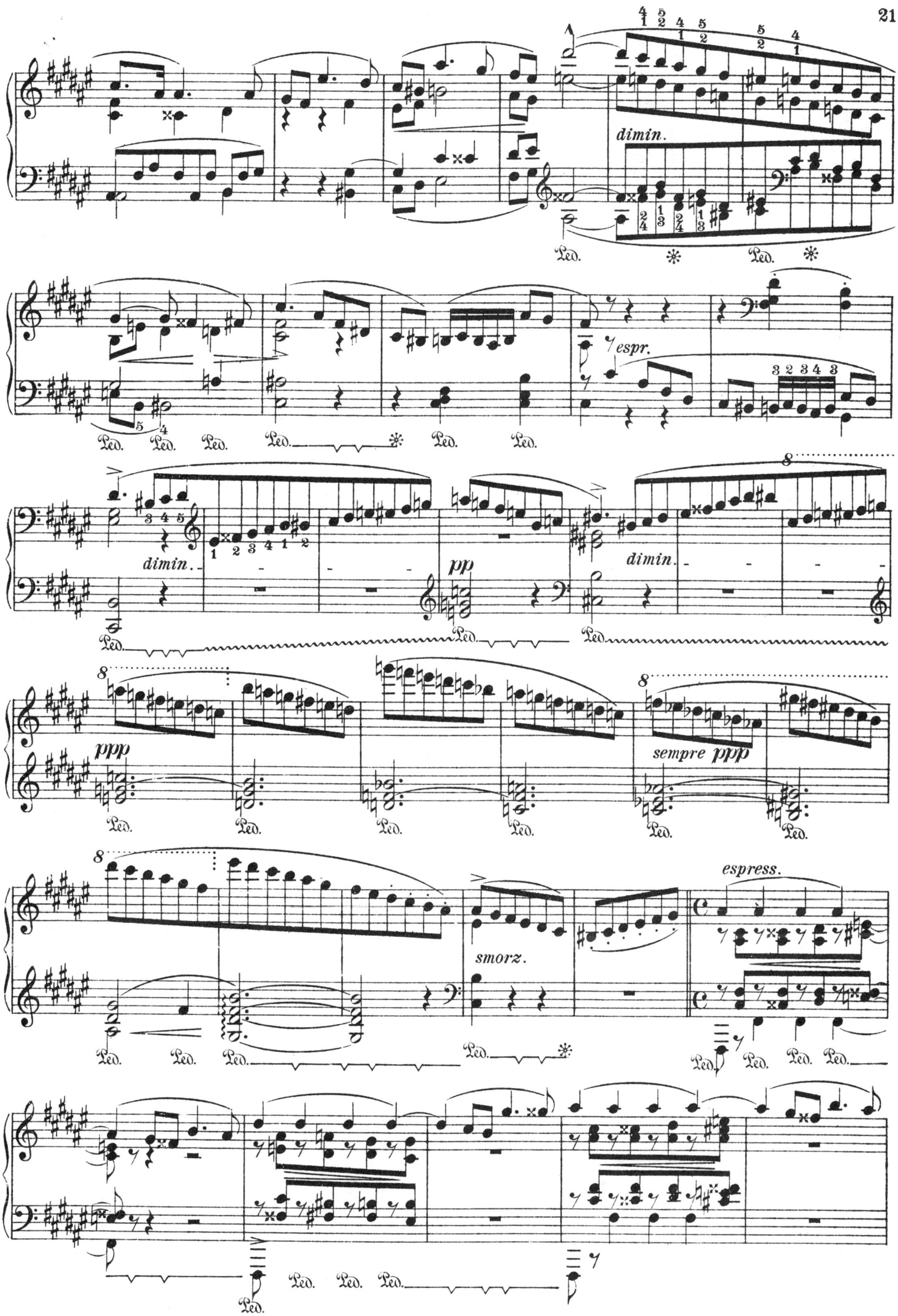
dimin.
espr.
dimin.
pp
dimin.
ppp
sempre ppp
smorz.
espress.

dolcissimo
pp
perdendosi
Ped.
ppp
Allegro energico.
p
senza Ped.

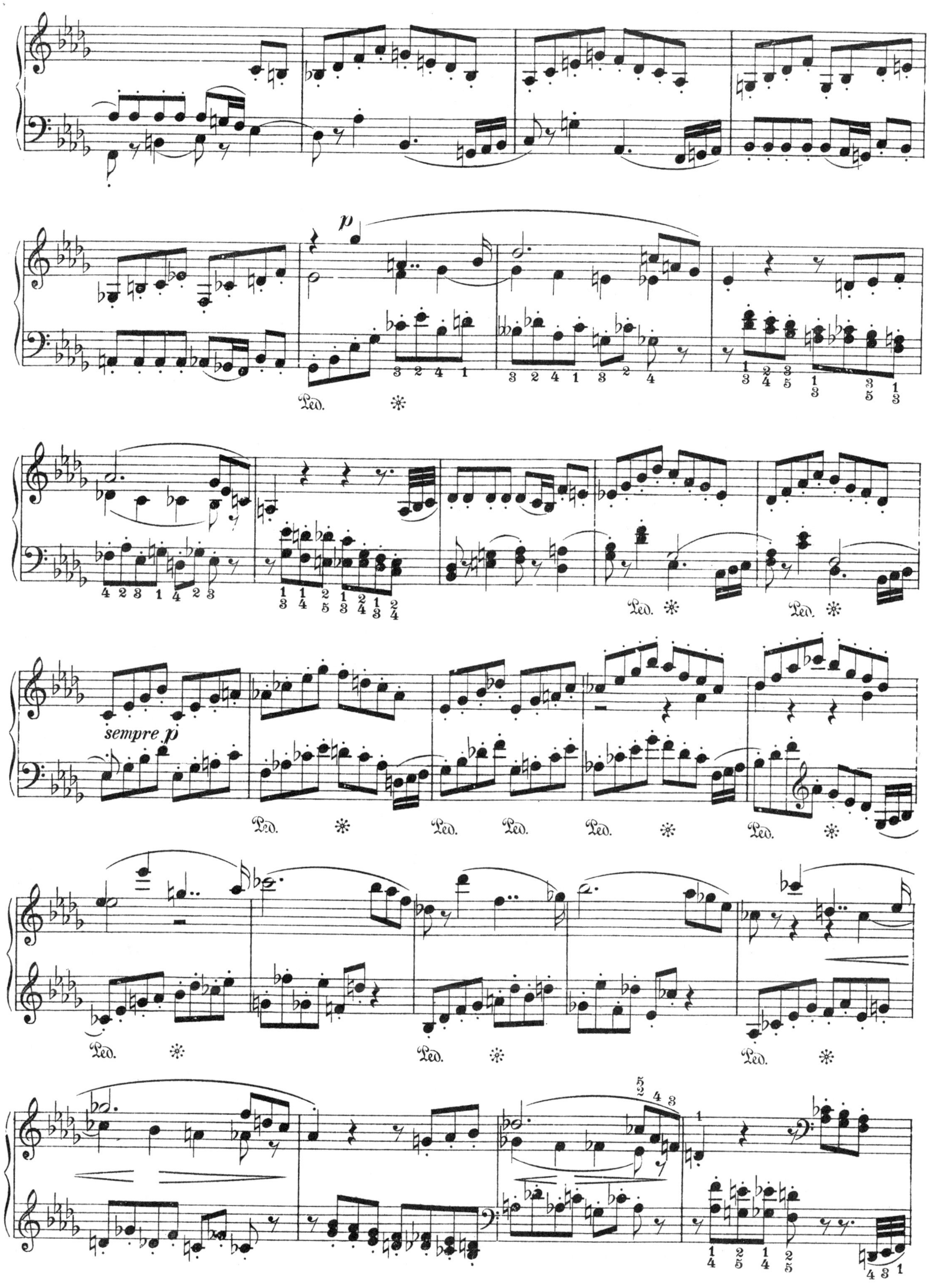
p
Ped.
sempre p

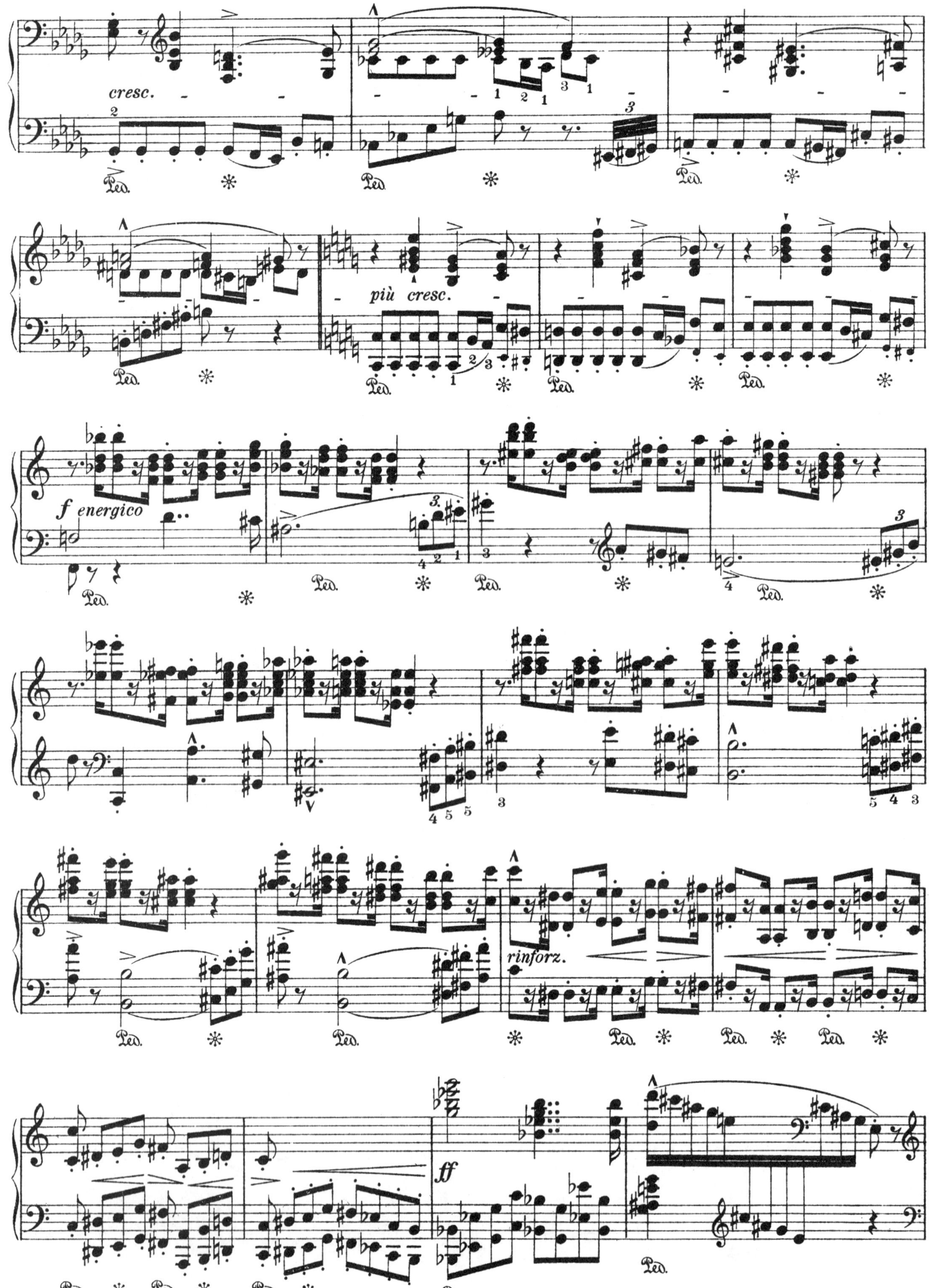
cresc.
più cresc.
f energico
rinforz.
ff
Ped.

ff
cresc.
rinforz.
ff
tr
sempre f ed agitato
marcato
marcato
più rinforz.

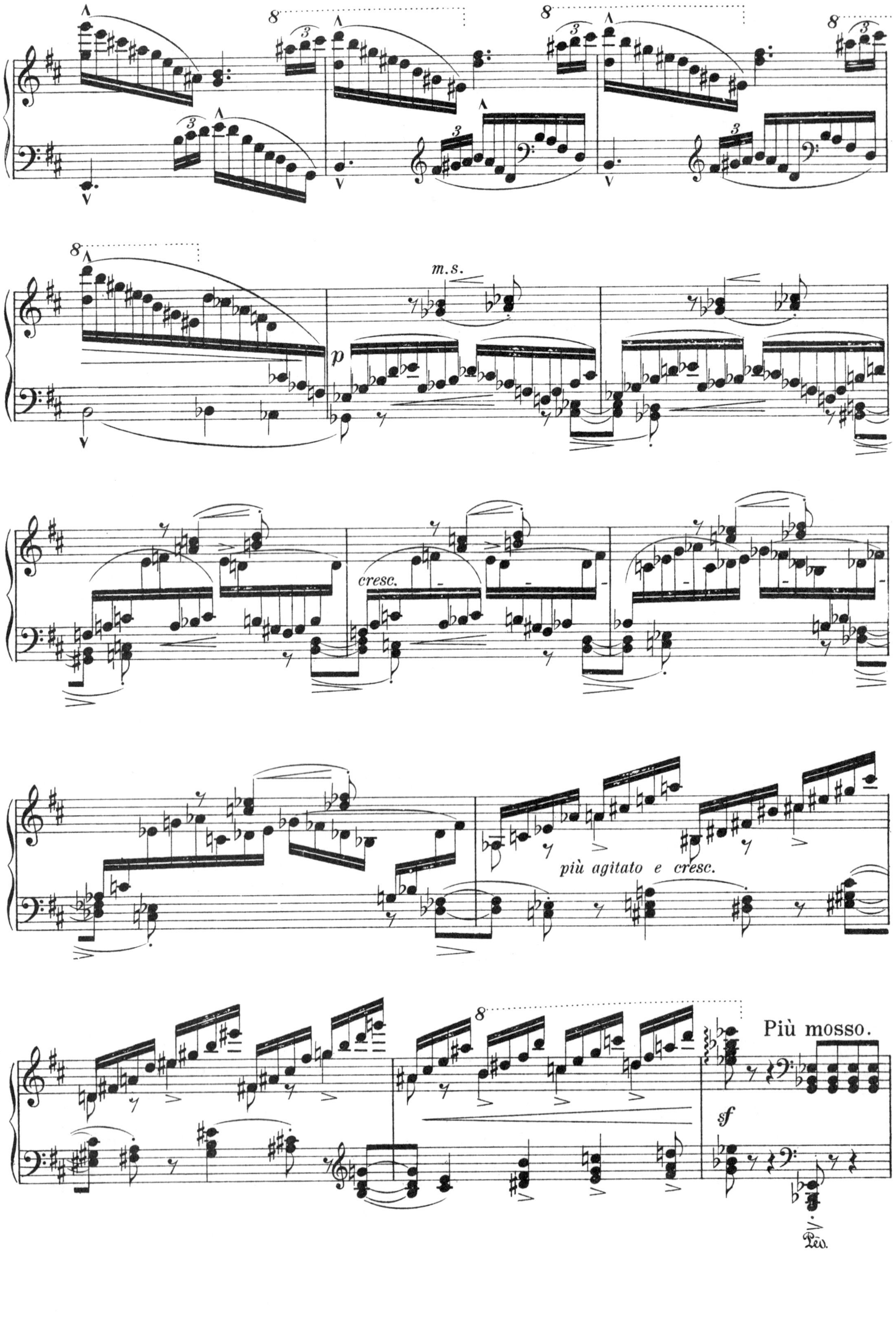
m.s.
p
cresc.
più agitato e cresc.
Più mosso.
sf
Ped.

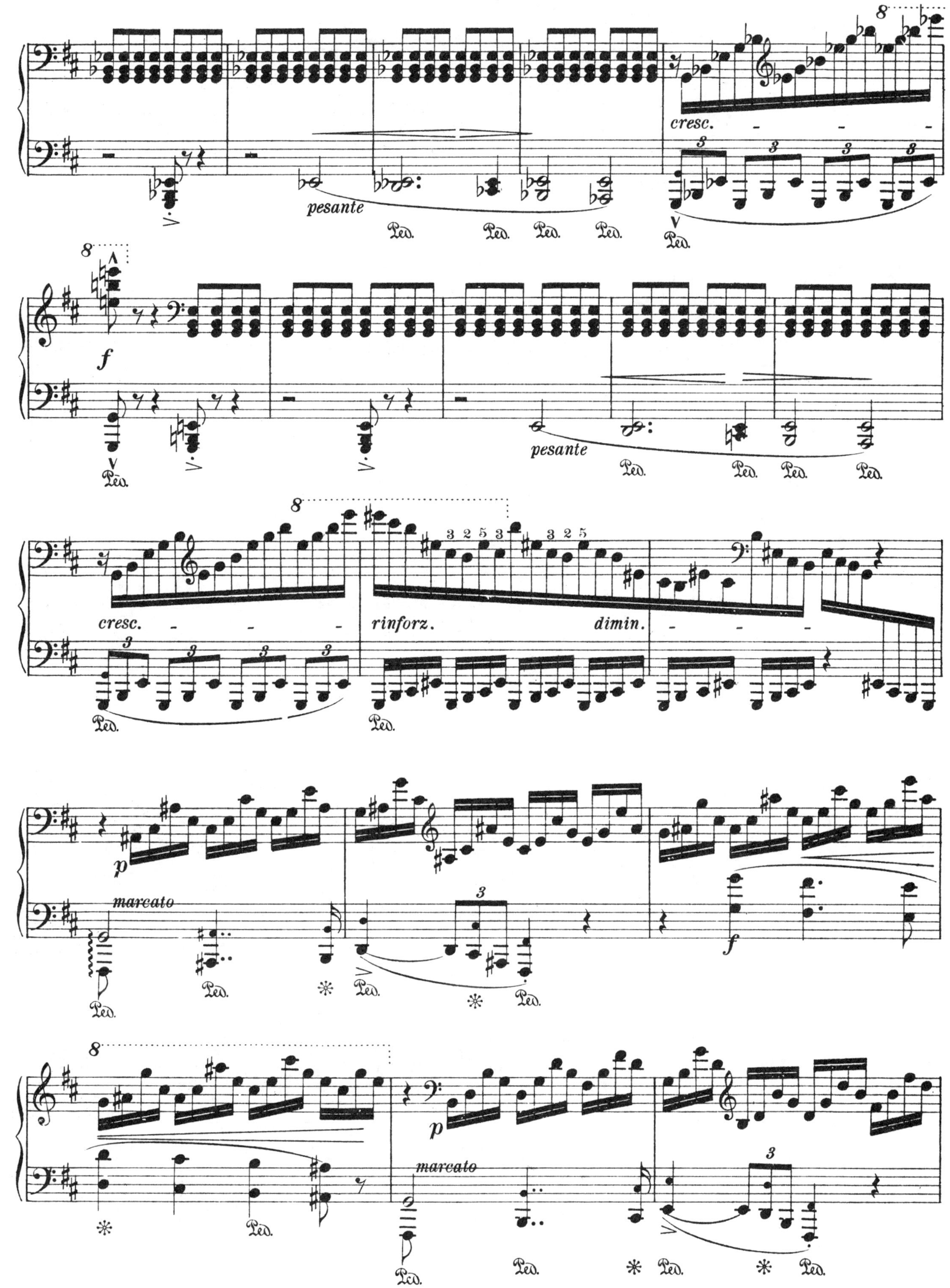
8
cresc.
pesante
Ped.
f
cresc.
rinforz.
dimin.
marcato
p

NB. Die Passage ist tematisch; so ist sie während des Studiums aufzufassen, dann auch leicht erlernbar: (folgen Abkürzungen.)

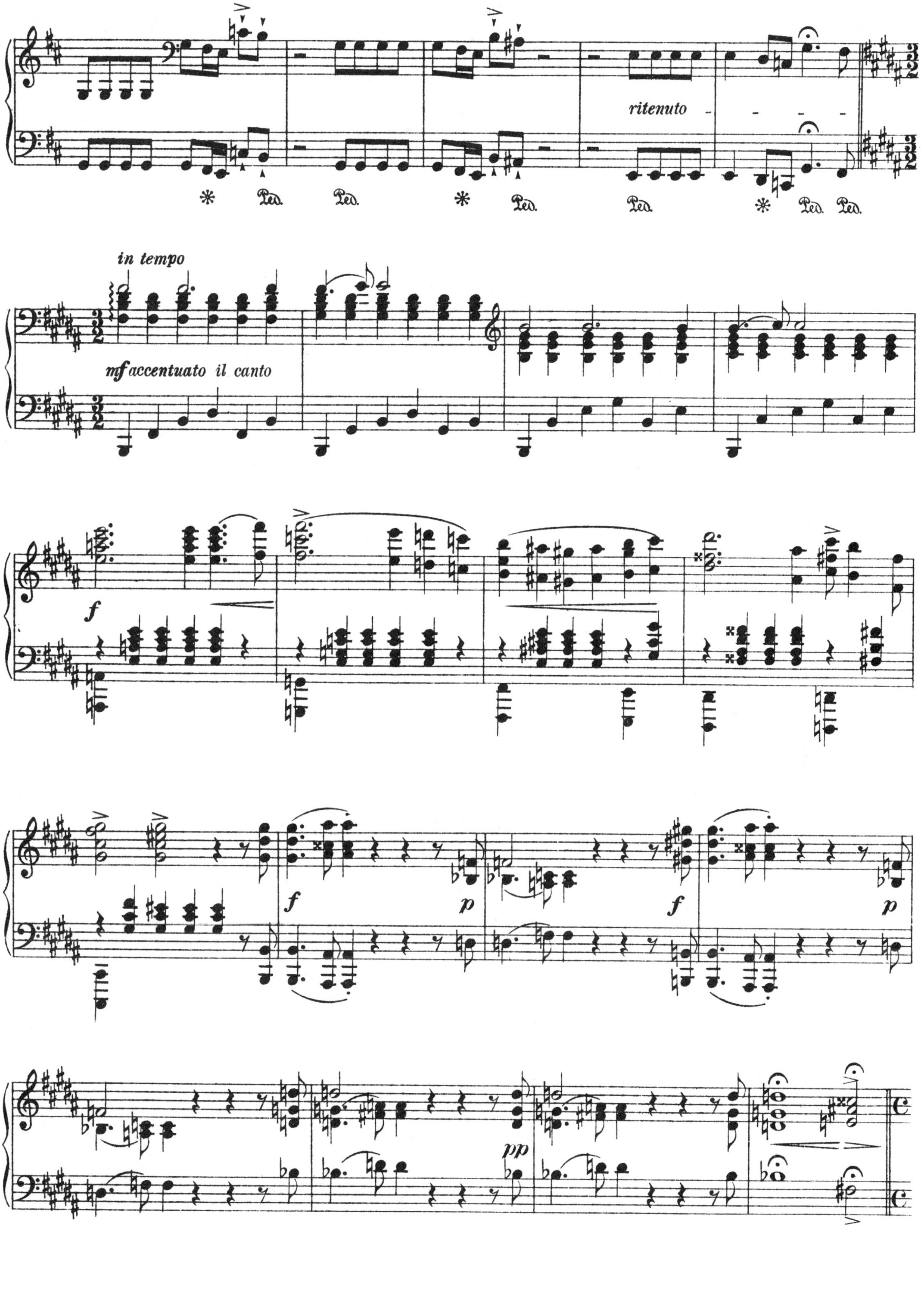
ritenuto
Ped.
in tempo
mf accentuato il canto
f
p
pp

cantando espress.
p
senza slentare
dimin.
Ped.
poco rall.
Ped.
dolce
cresc.
poco rallent.
a tempo
rinforzando
ritenuto
a tempo
p dolce
Ped.
Ped.

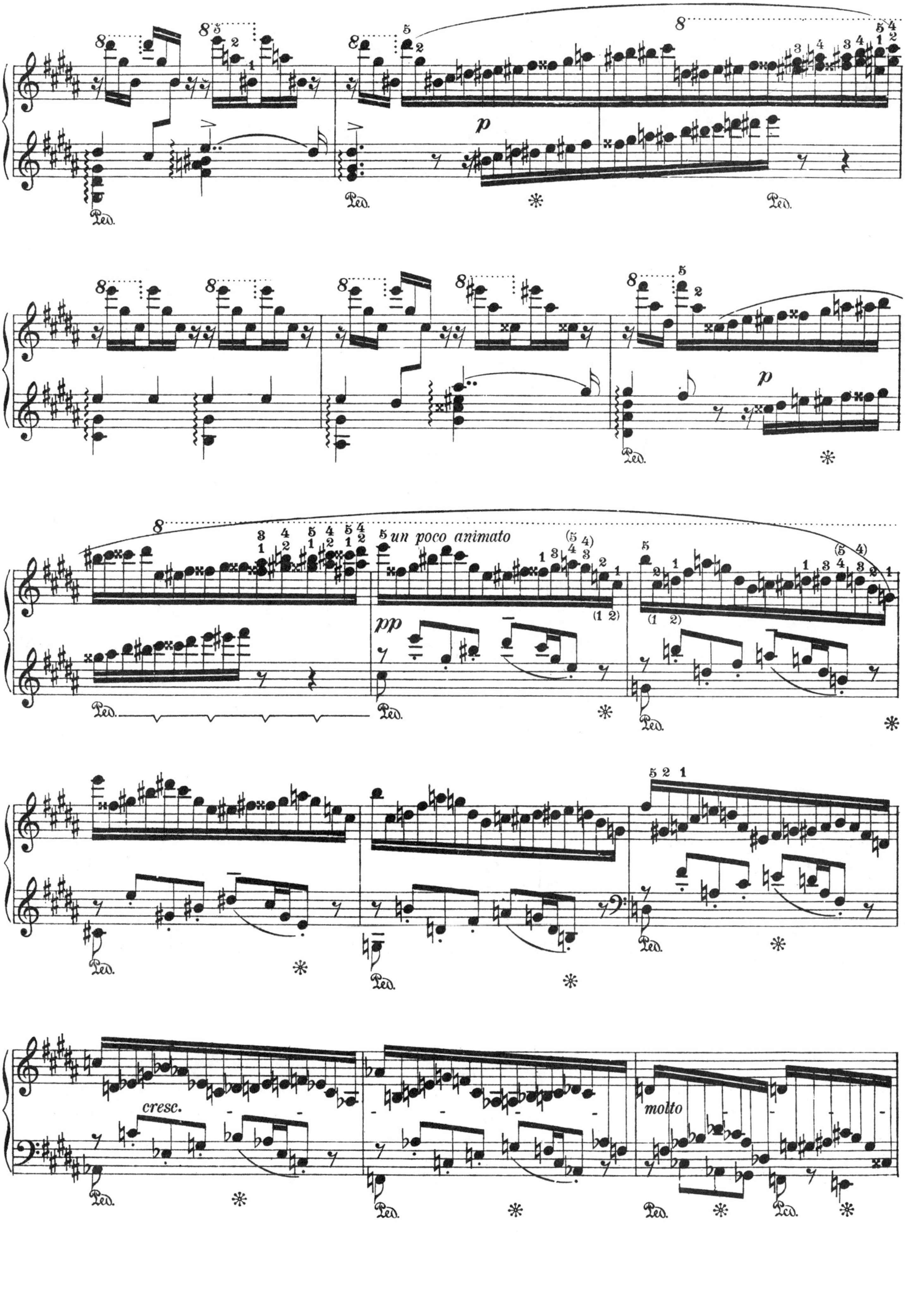
p
Ped.
un poco animato
pp
cresc.
molto

Stretta quasi presto.

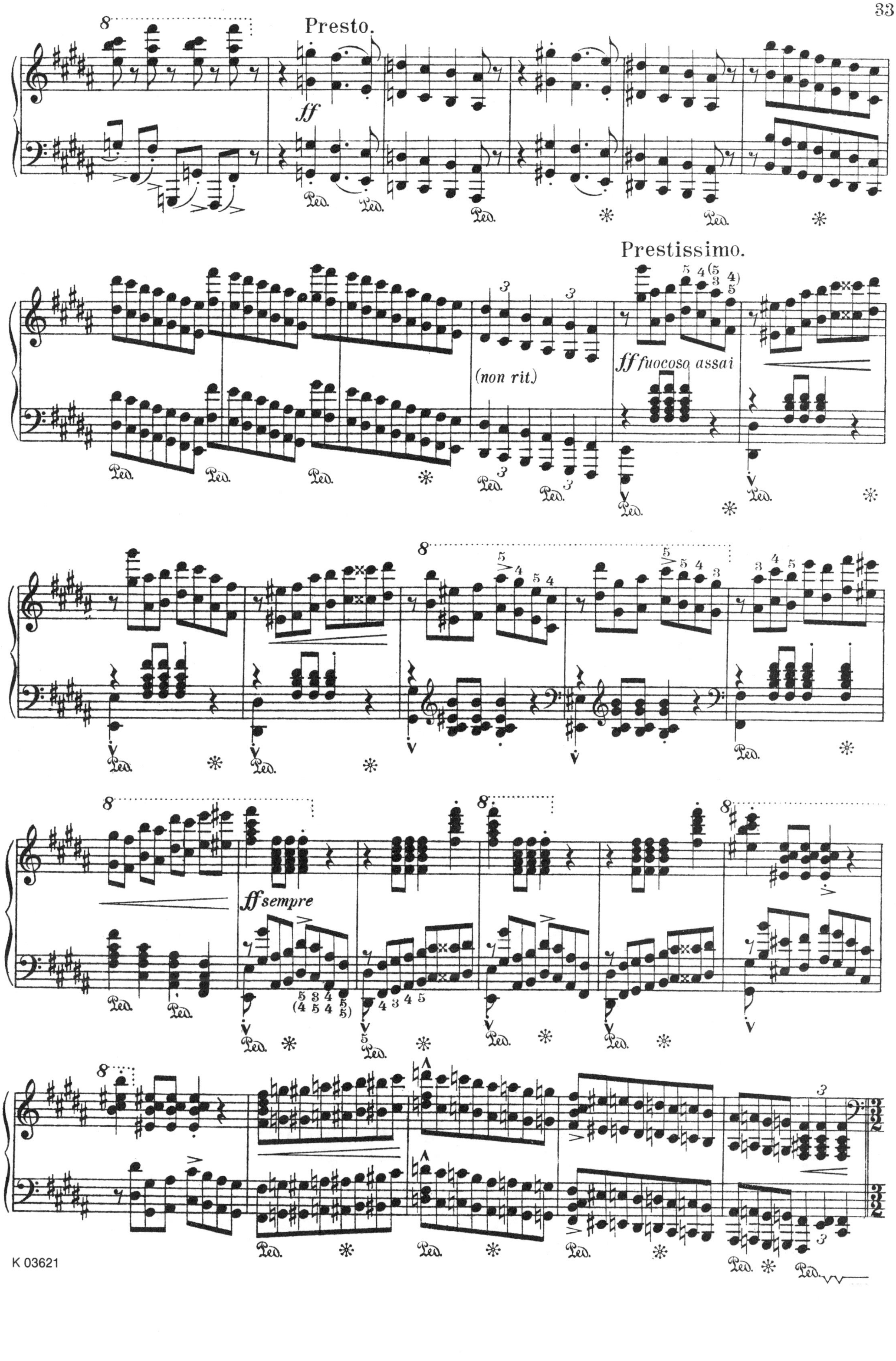
Presto.
ff
Prestissimo.
(non rit.)
ff fuocoso assai
ff sempre

fff
sf
sf
tremolando
sf
lunga
secco
Andante sostenuto.
p
diminuendo
poco a poco rit.

Allegro moderato.

p sotto voce

poco cresc.

pp ed un poco rall.

_pp_

Lento assai.

un poco marcato

_pp_   _ppp_

VIERTER MEPHISTO WALZER

1885

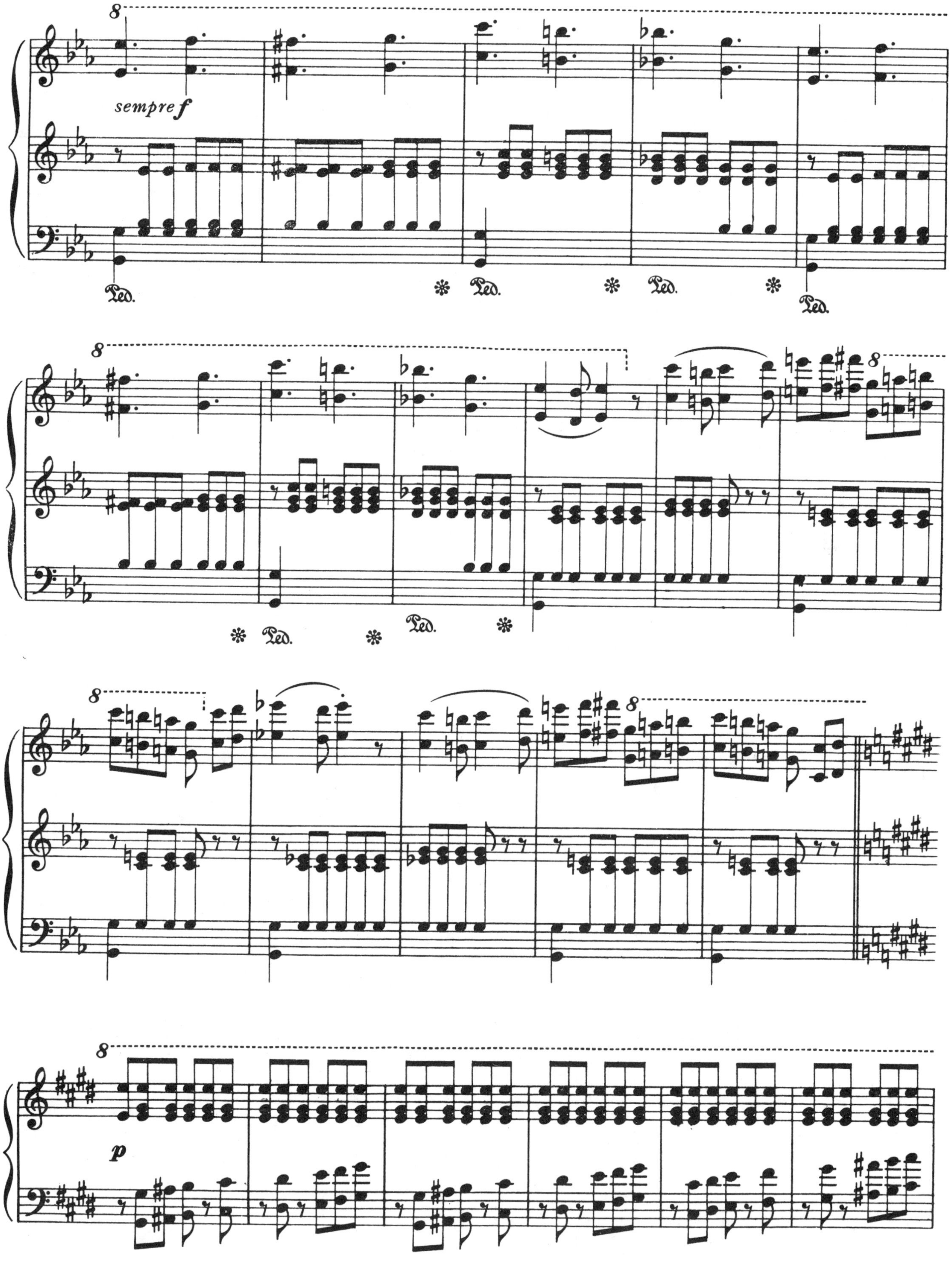
8
sempre f
Ped.
Ped.
Ped.
Ped.
8
Ped.
Ped.
8
8
8
p

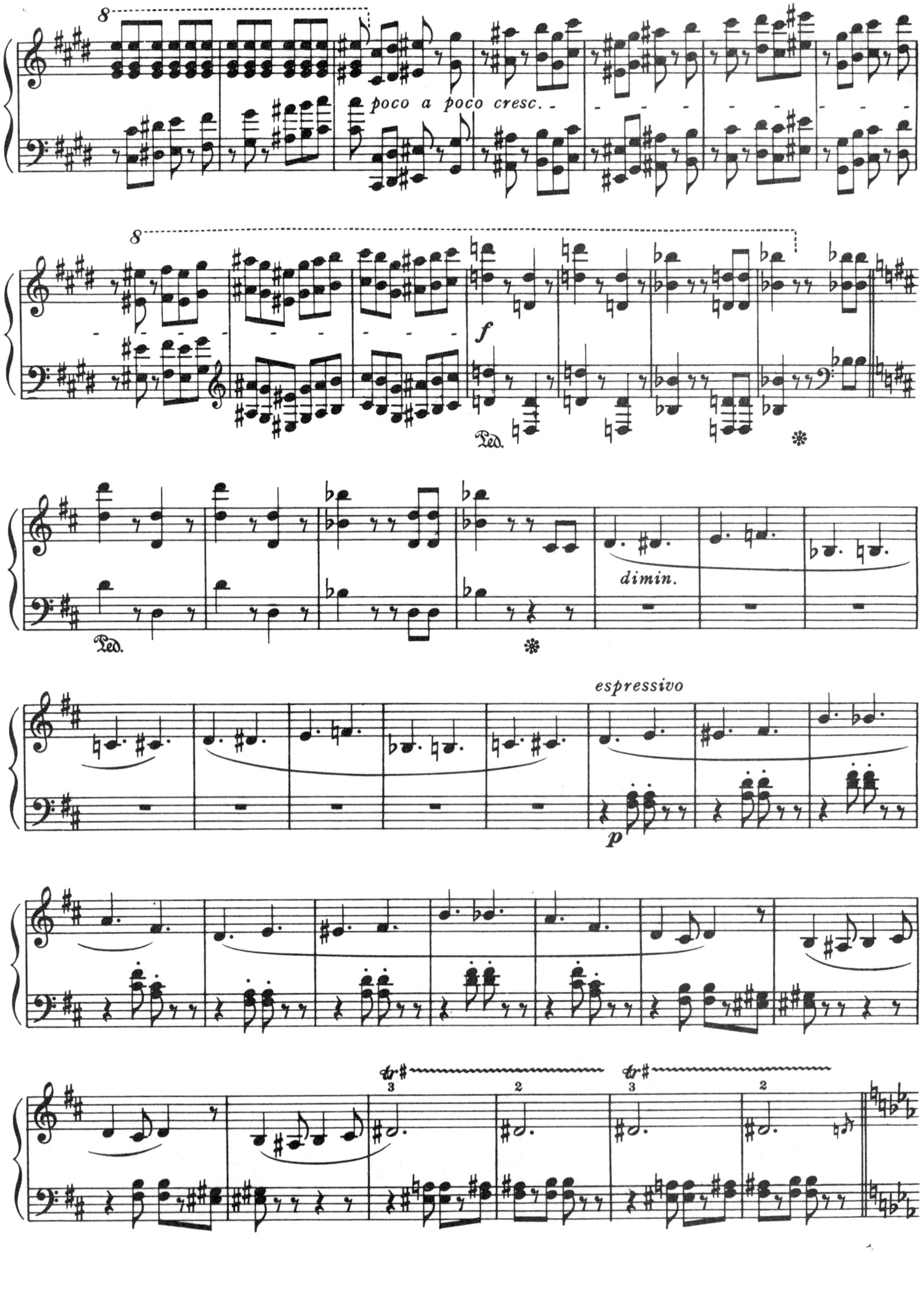
poco a poco cresc.
f
Ped.
Ped.
dimin.
espressivo
p

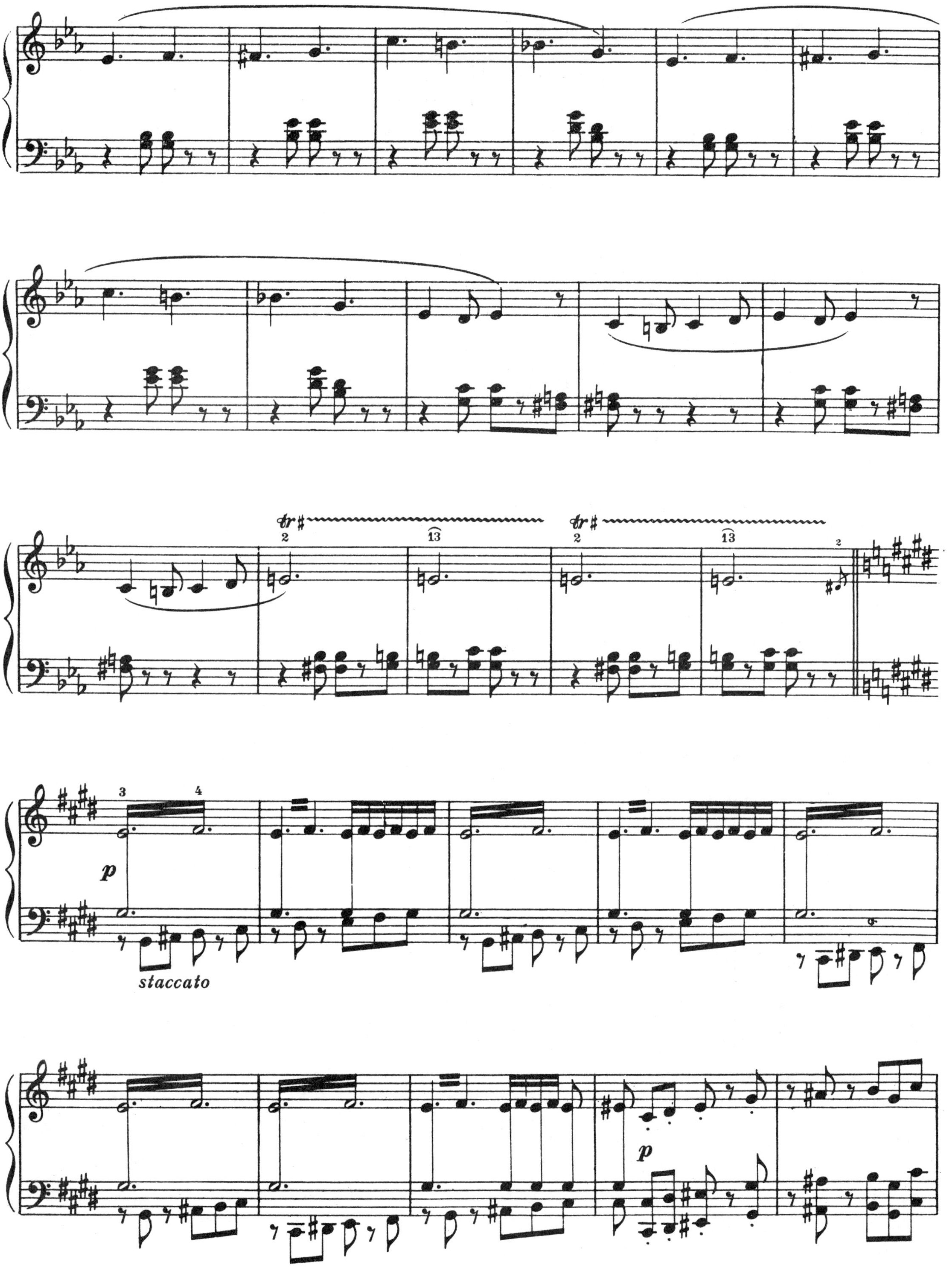
tr♯
tr♯
p
staccato
p

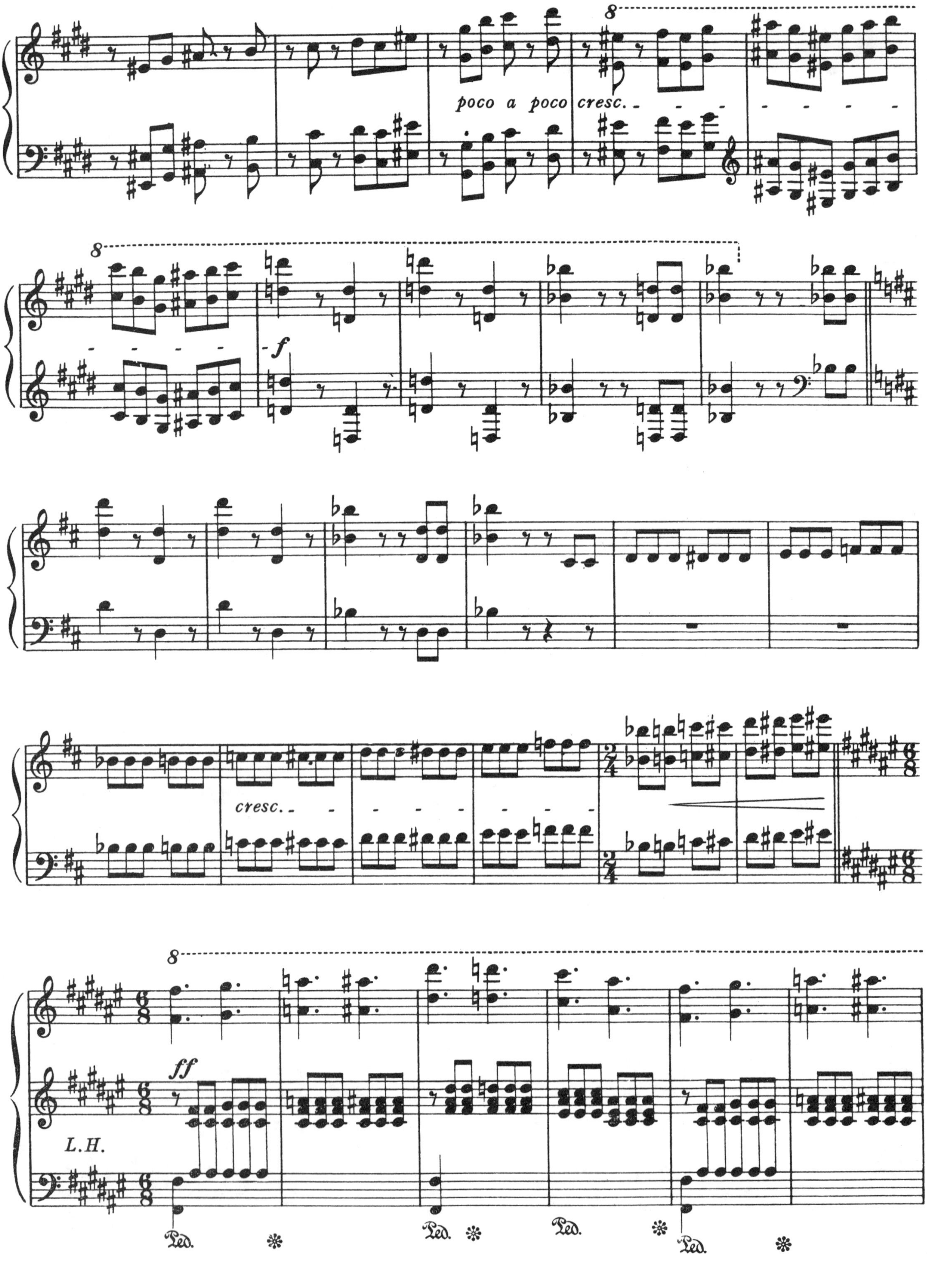
8
poco a poco cresc.
f
cresc.
ff
L.H.
Ped.

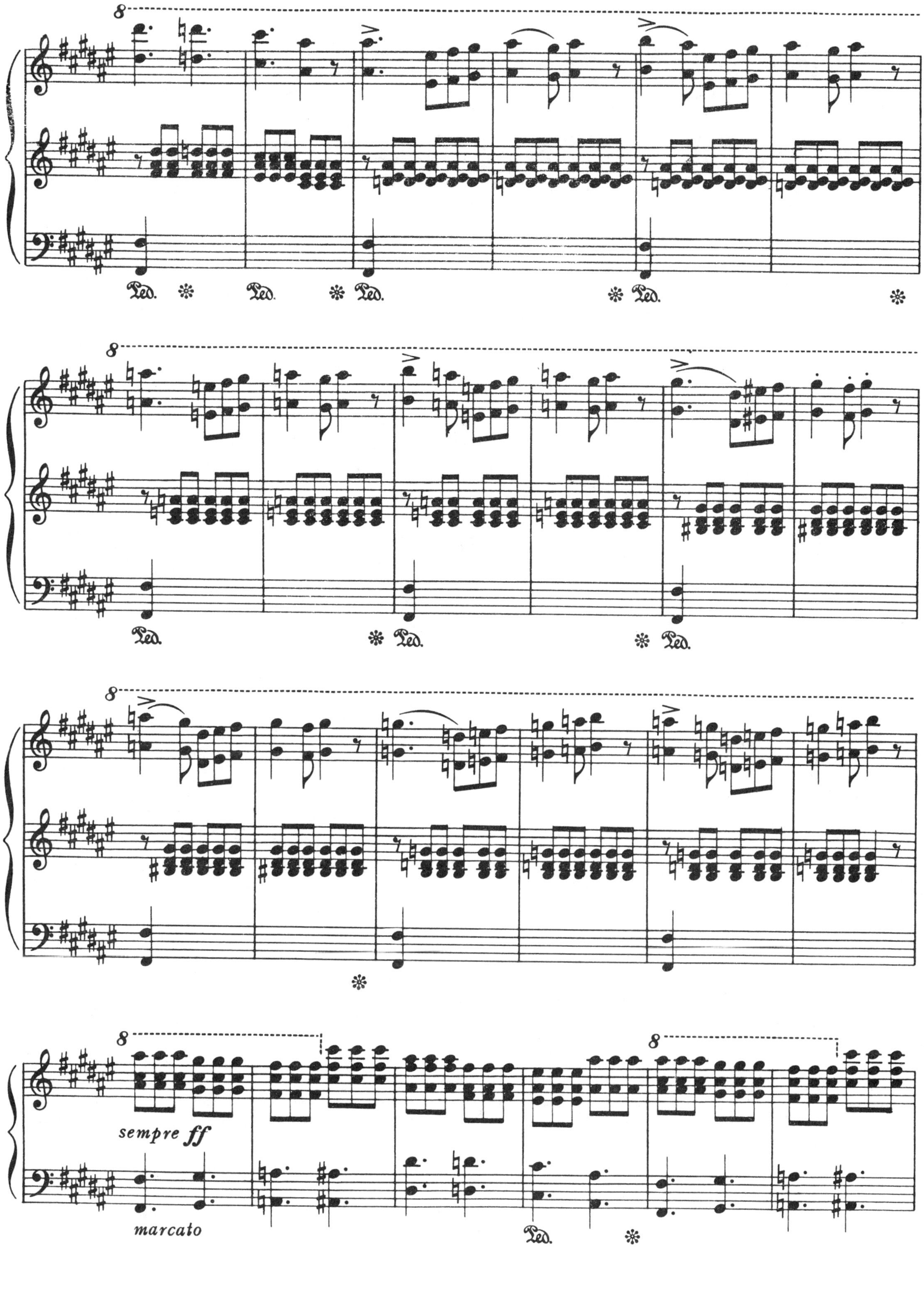
8
Ped.
sempre ff
marcato

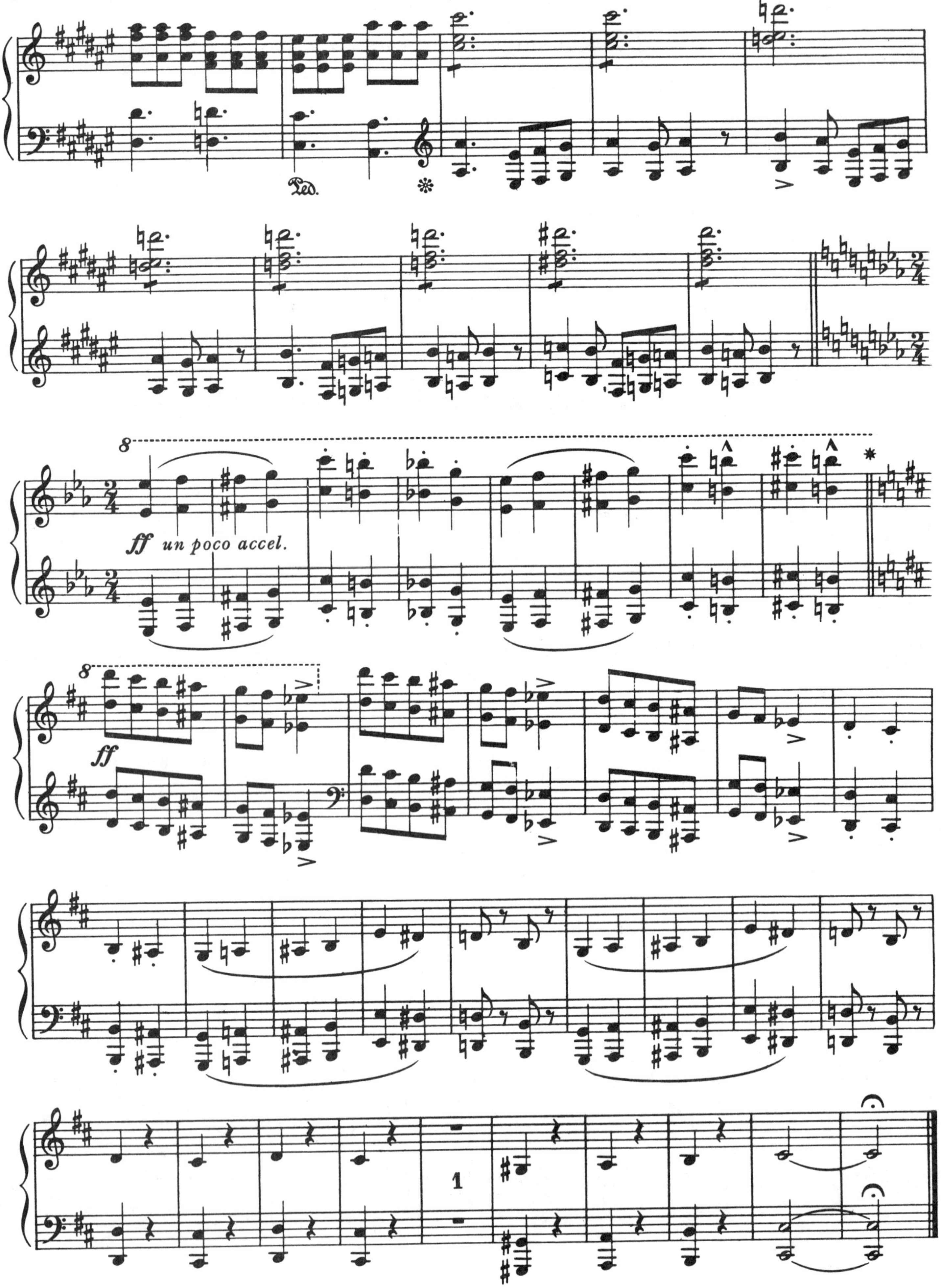
Ped.
ff un poco accel.
ff
1

Tröstungen.
Consolations.   Consolations.

I.

Andante con moto.

Franz Liszt.
(Komponiert 1849, erschienen 1850.)

II.

a tempo
poco rit.
ben marcato ed espressivo il canto
smorz.
cantando
appassionato
poco rit.
3
2
1

accentato ed espressivo assai
smorz.
rinforz.
smorz.
sf
poco a poco più ritenuto
pp

III.

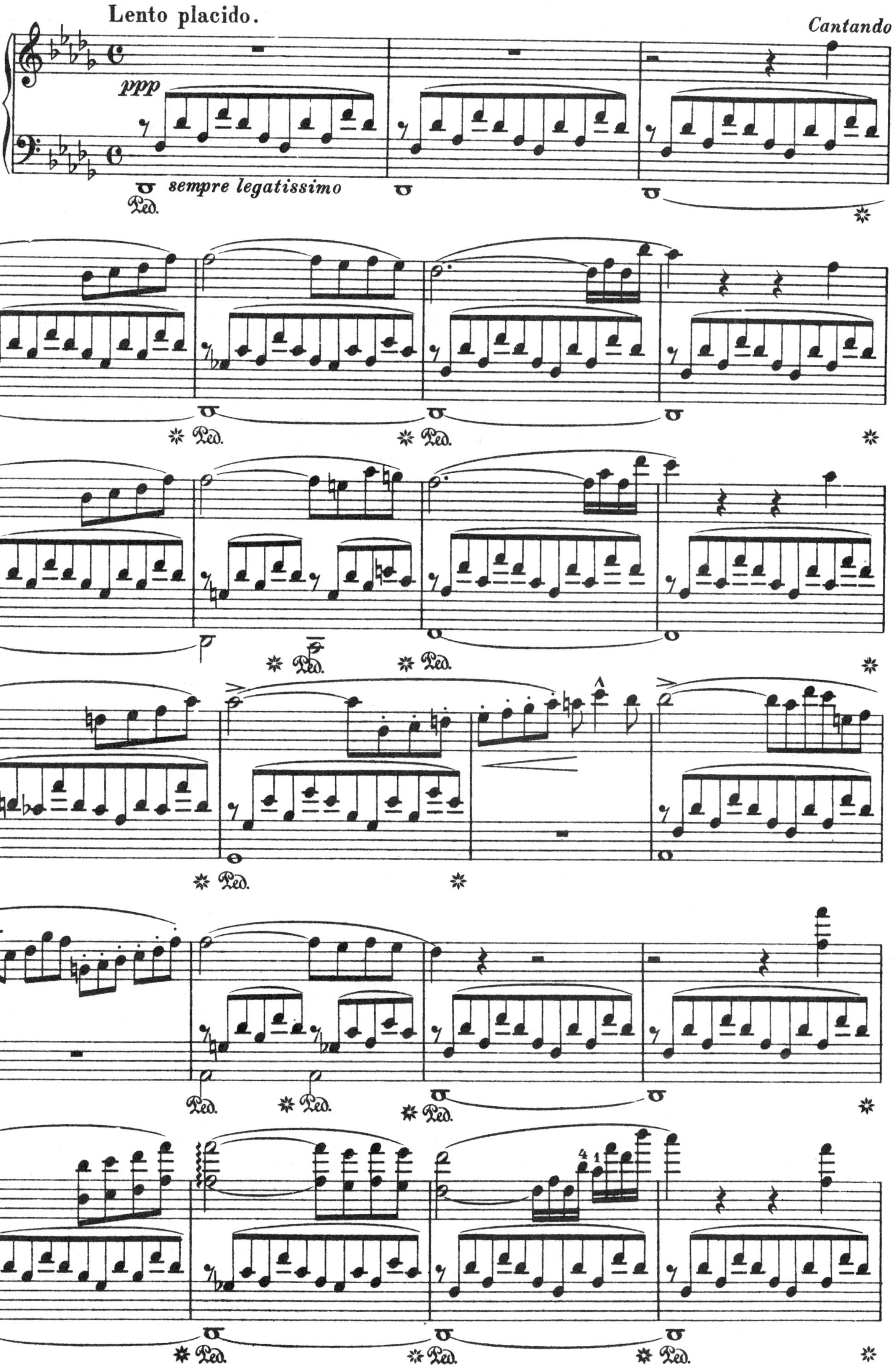

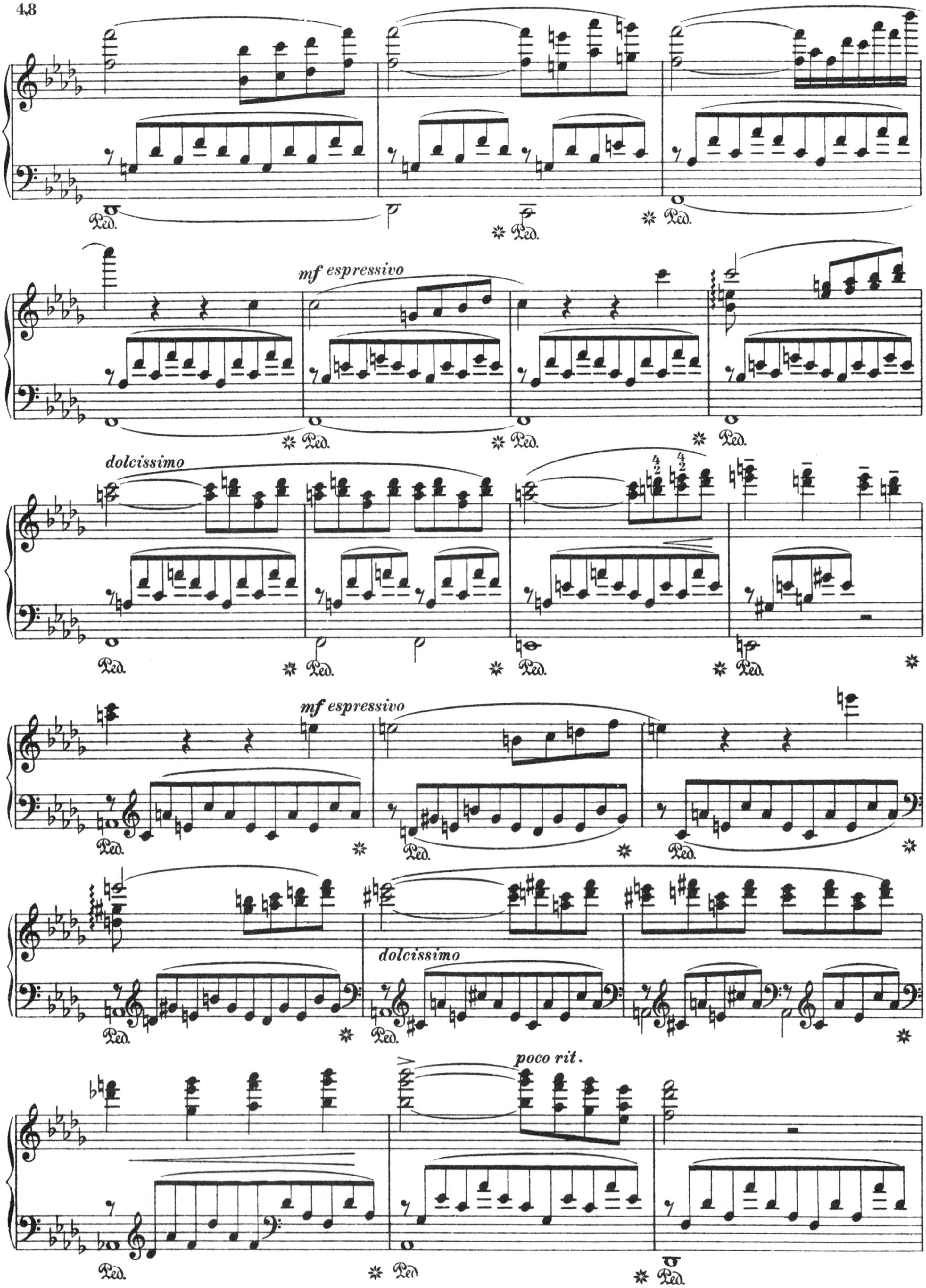

Ped.
mf espressivo
dolcissimo
mf espressivo
dolcissimo
poco rit.

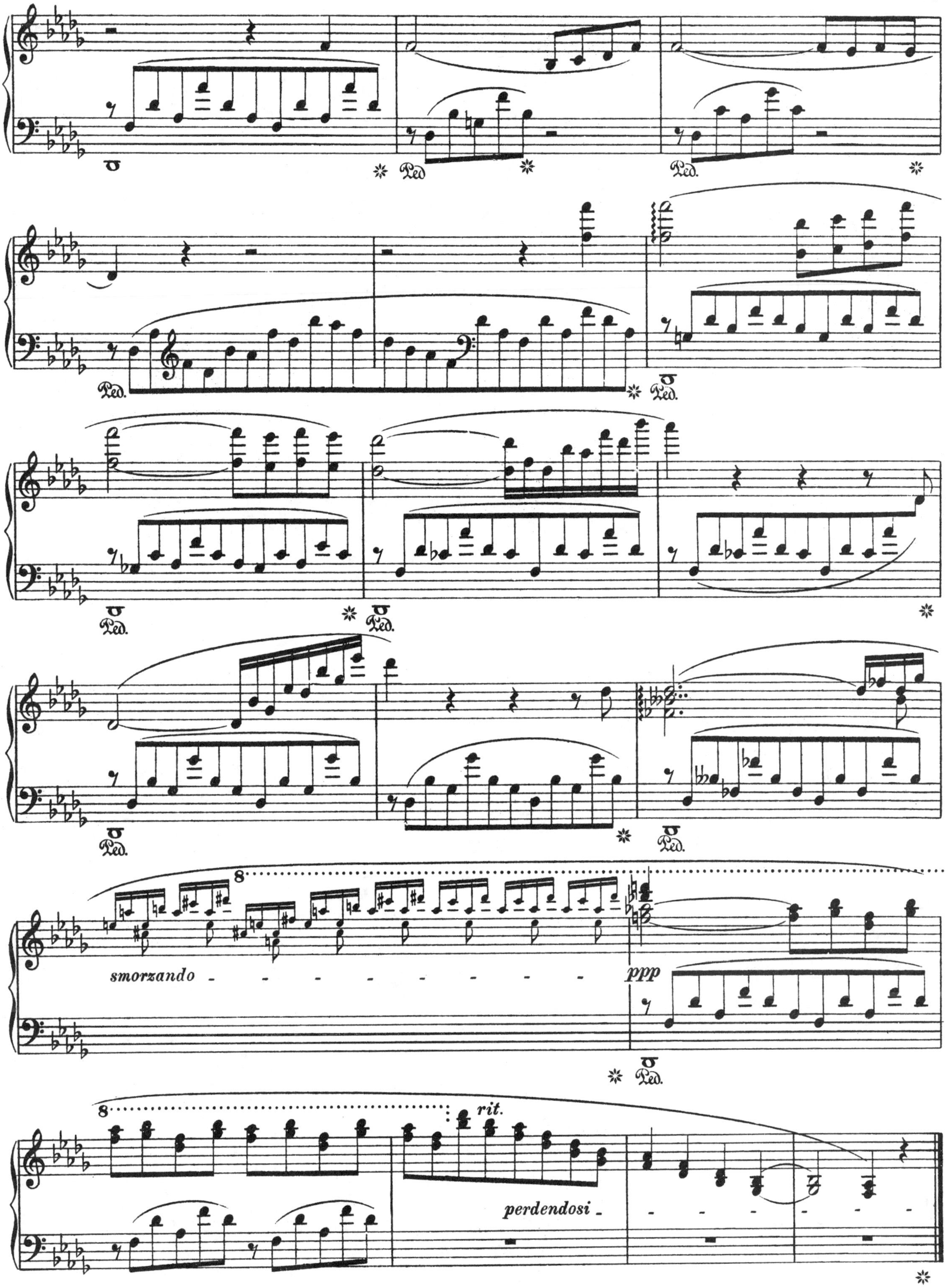
smorzando
ppp
rit.
perdendosi
8

IV.

V.

Andantino.
con grazia
dolce
poco rit.
in tempo
espressivo con anima
dolce

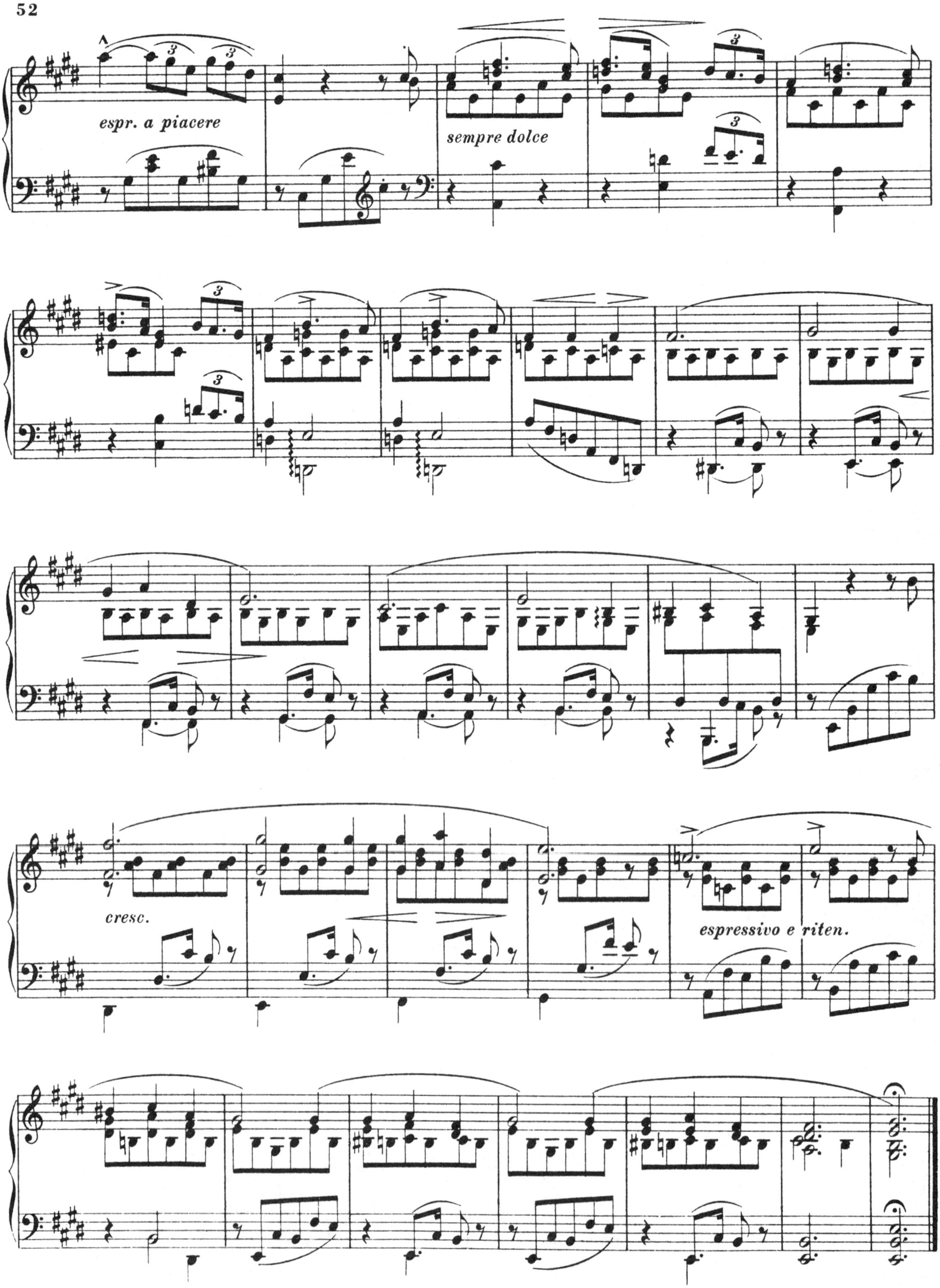
espr. a piacere
sempre dolce
cresc.
espressivo e riten.

VI.

Allegretto sempre cantabile.

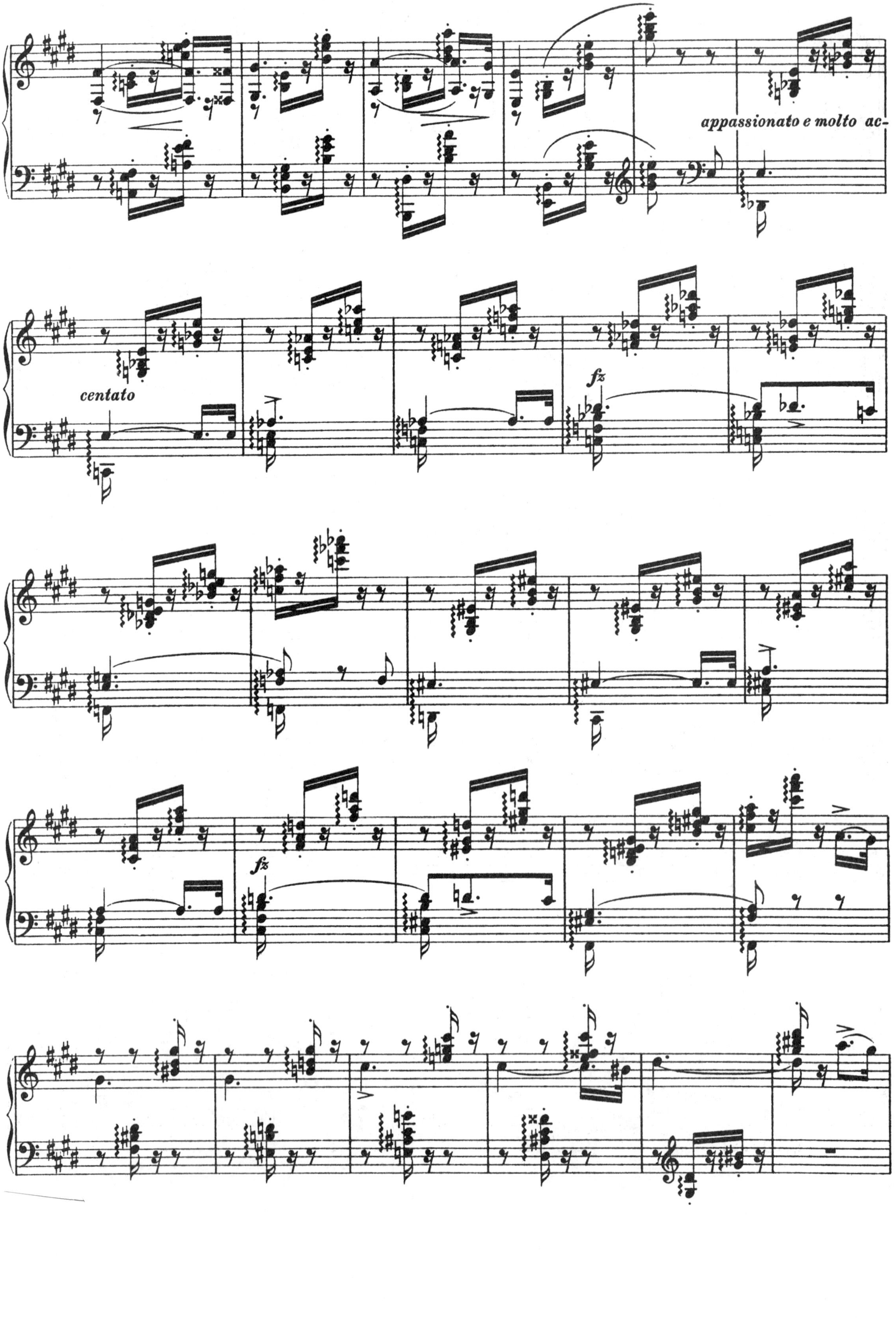
appassionato e molto ac-
centato
fz
fz

cresc.
sf
marcato il canto
sempre più rinforzando
vibrato
f
8

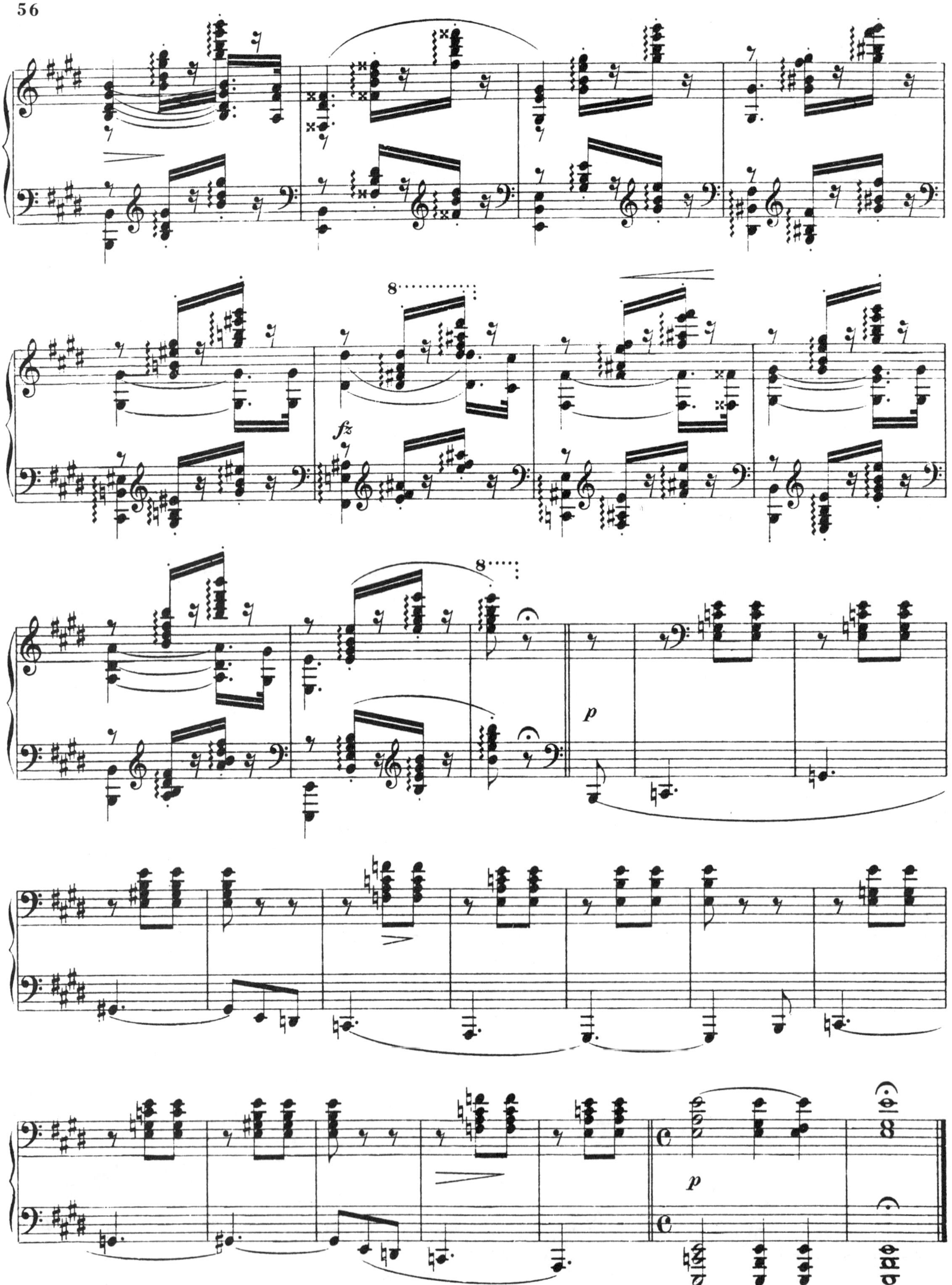
8
fz
8
p
p

TROIS ÉTUDES DE CONCERT.

I. IL LAMENTO.

Franz Liszt.
(1811–1886.)

cresc.
cresc.
forte ed appassionato
più agitato e più rinforzando
rit.

*) Die folgenden vier Takte können auch durchwegs von der linken Hand gespielt werden. Der Klaviersatz läßt sogar vermuten, daß Liszt es so gedacht hat.

riten. il tempo
dolce armonioso
pp leggiero
pp
la melodia accentata assai
quasi improvisato
pp
tre corde
pp
cresc.
affrettando
8
sfz
riten.

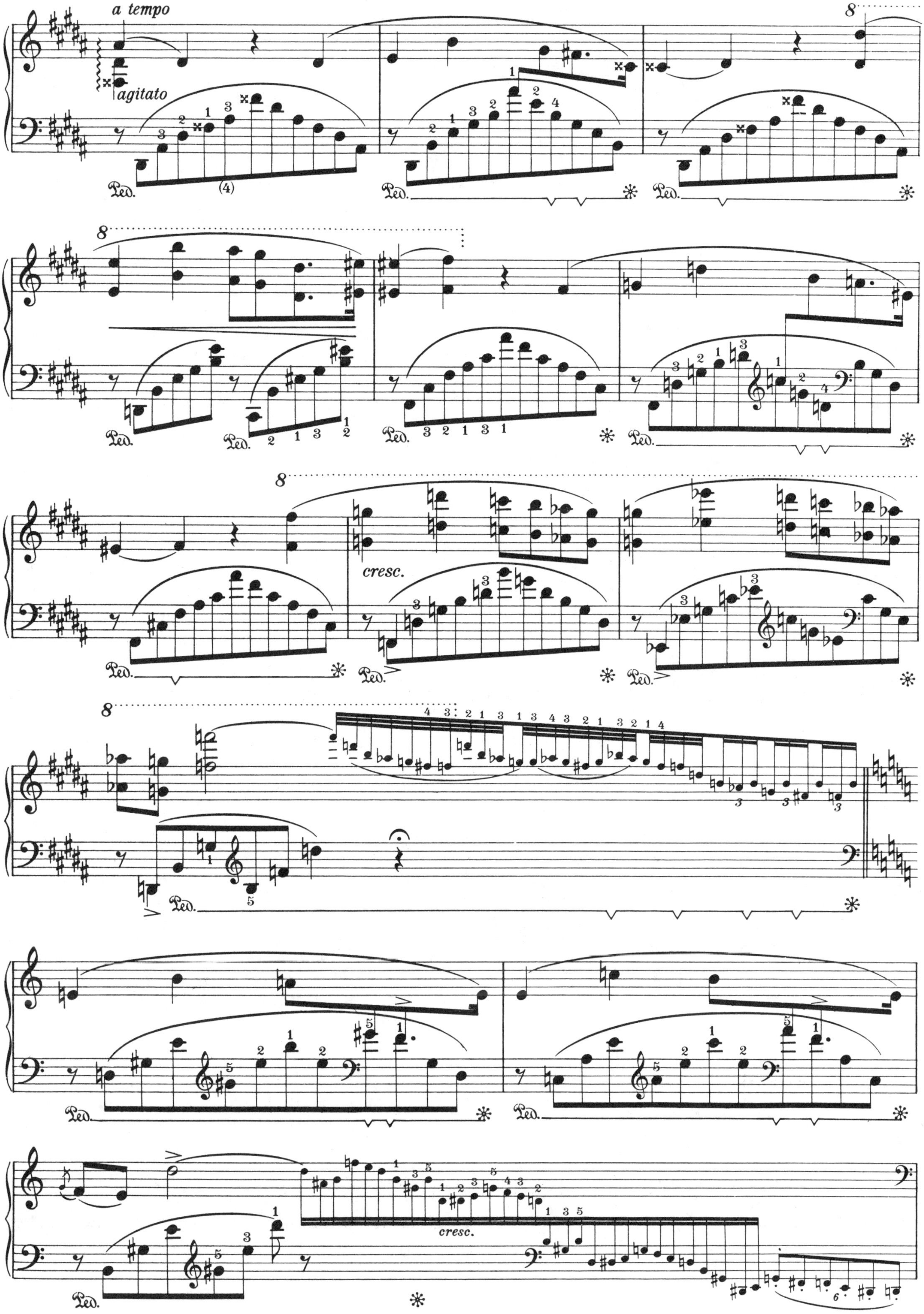
a tempo
agitato
cresc.
cresc.

un poco più mosso

più agitato   *distinti gli due voci*

cresc.

m. g.

m. d.

m. d.

m. g.

string.

energico appassionato assai

Ped.

8
con abbandono
rfz m.g.
Ped.
8
m.g.
8
ardito
ff
Ped.
Ped.
Ped.
Ped.
Ped.
Ped.
8
Ped.
Ped.
Ped.
Ped.
Ped.
Ped.
rinforz. e riten.
Ped.
Ped.
Ped.

slentando
cresc.
quasi adagio
rfz
una corda
in tempo
con grazia
p leggeramente
cresc.
poco rit.

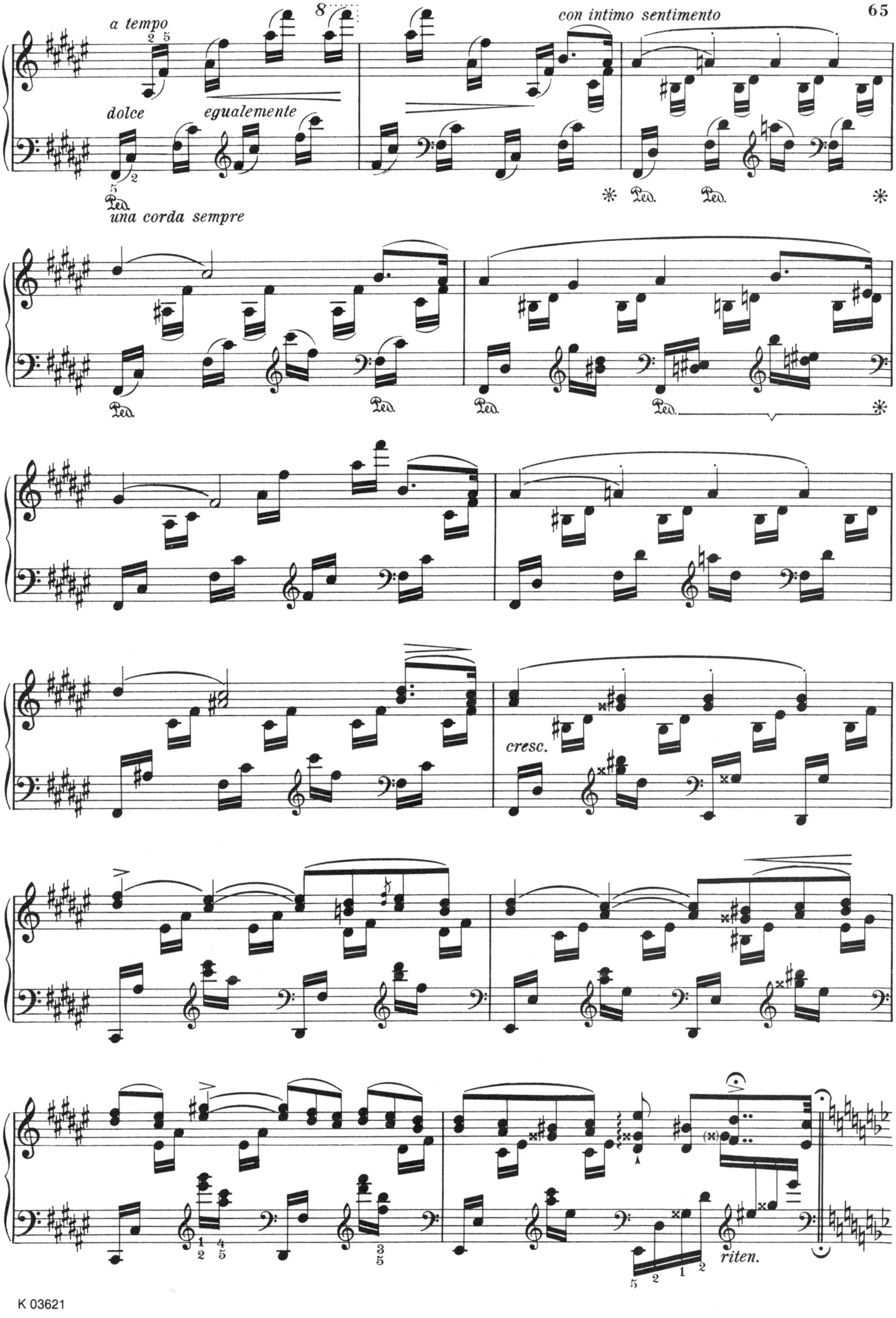
a tempo
8
con intimo sentimento
dolce
egualmente
Ped.
una corda sempre
cresc.
riten.

un poco più mosso
8
con passione
tre corde
Ped.
cresc.
appassionato
ff
rinforz.

sf
rinforz. appassionato
Ped.
rit.
a tempo
semplice
p dolce
con abbandono
cresc.
string.

*)Am besten klingende Ausführung:

TROIS ÉTUDES DE CONCERT.
II. LA LEGGIEREZZA.

Franz Liszt.
(1811–1886.)

rallent.
a tempo
poco cresc.
pp
espressivo
cresc.
simile
f
appassionato
Ped.

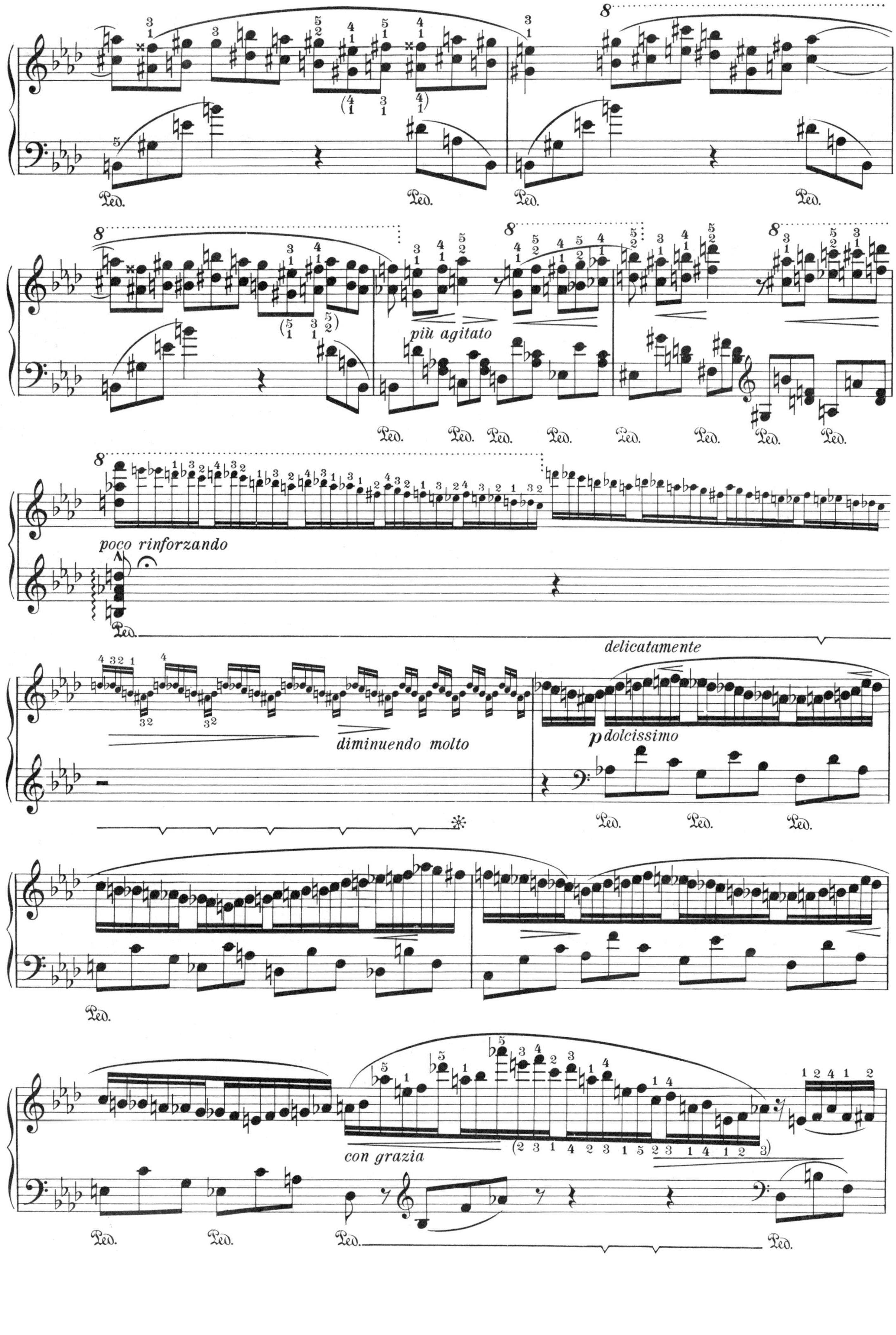
più agitato
poco rinforzando
delicatamente
diminuendo molto
p dolcissimo
con grazia

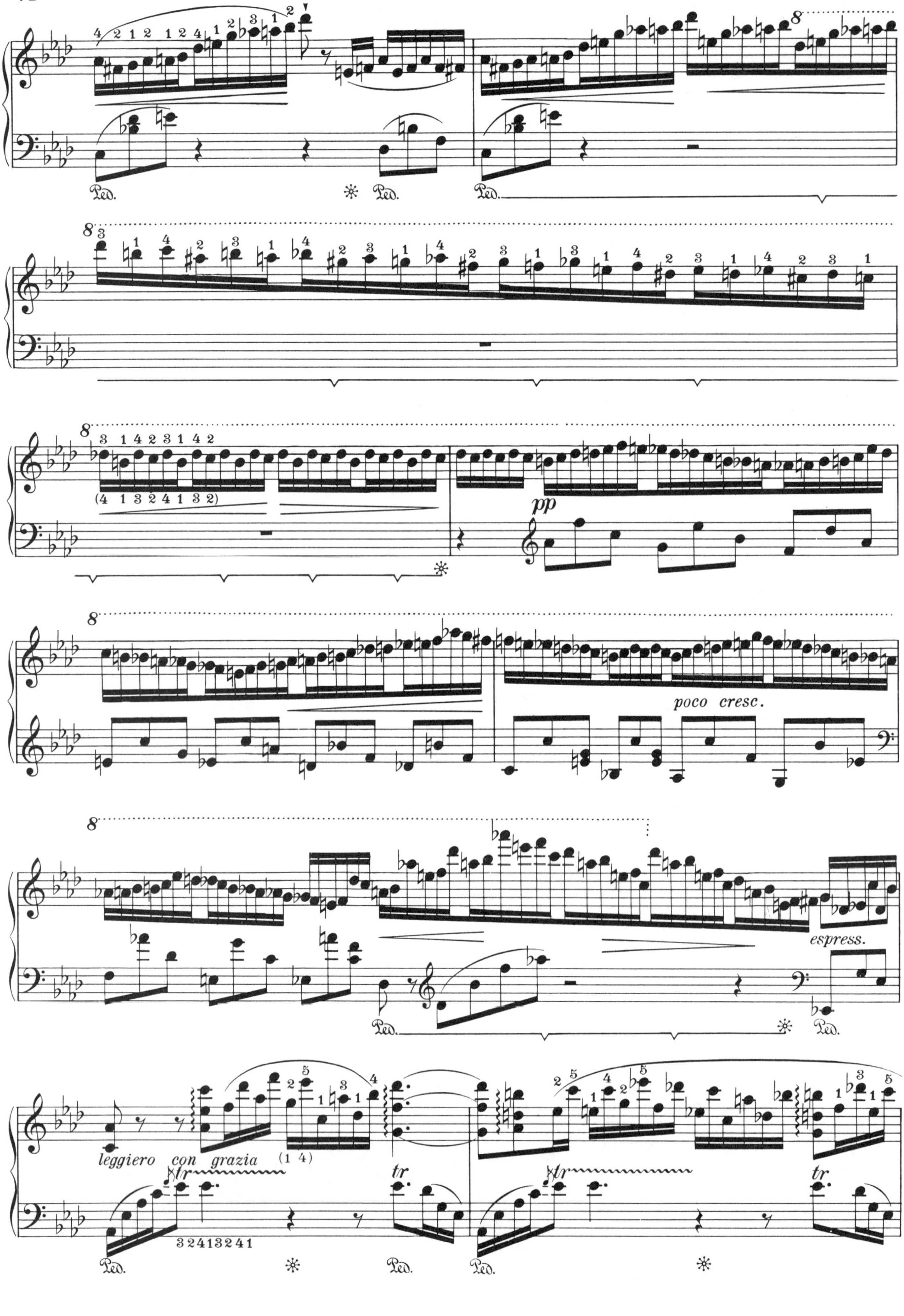
Ped.
pp
poco cresc.
espress.
leggiero con grazia
tr

tr
simile
cresc.
e stringendo
Ossia.
rfz
f un poco più mosso
marcato
Ped.
rf

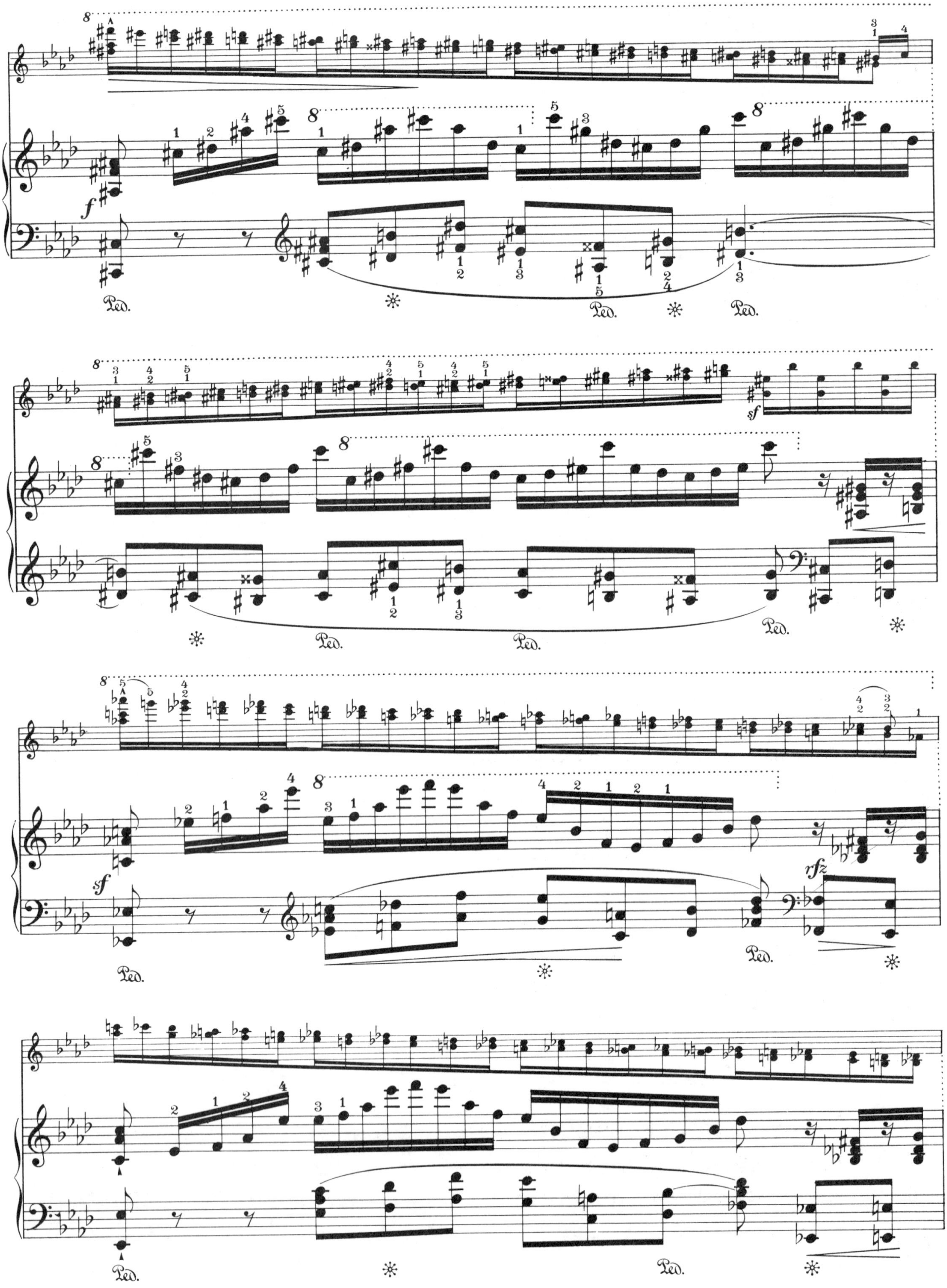
f
Ped.
sf
rfz

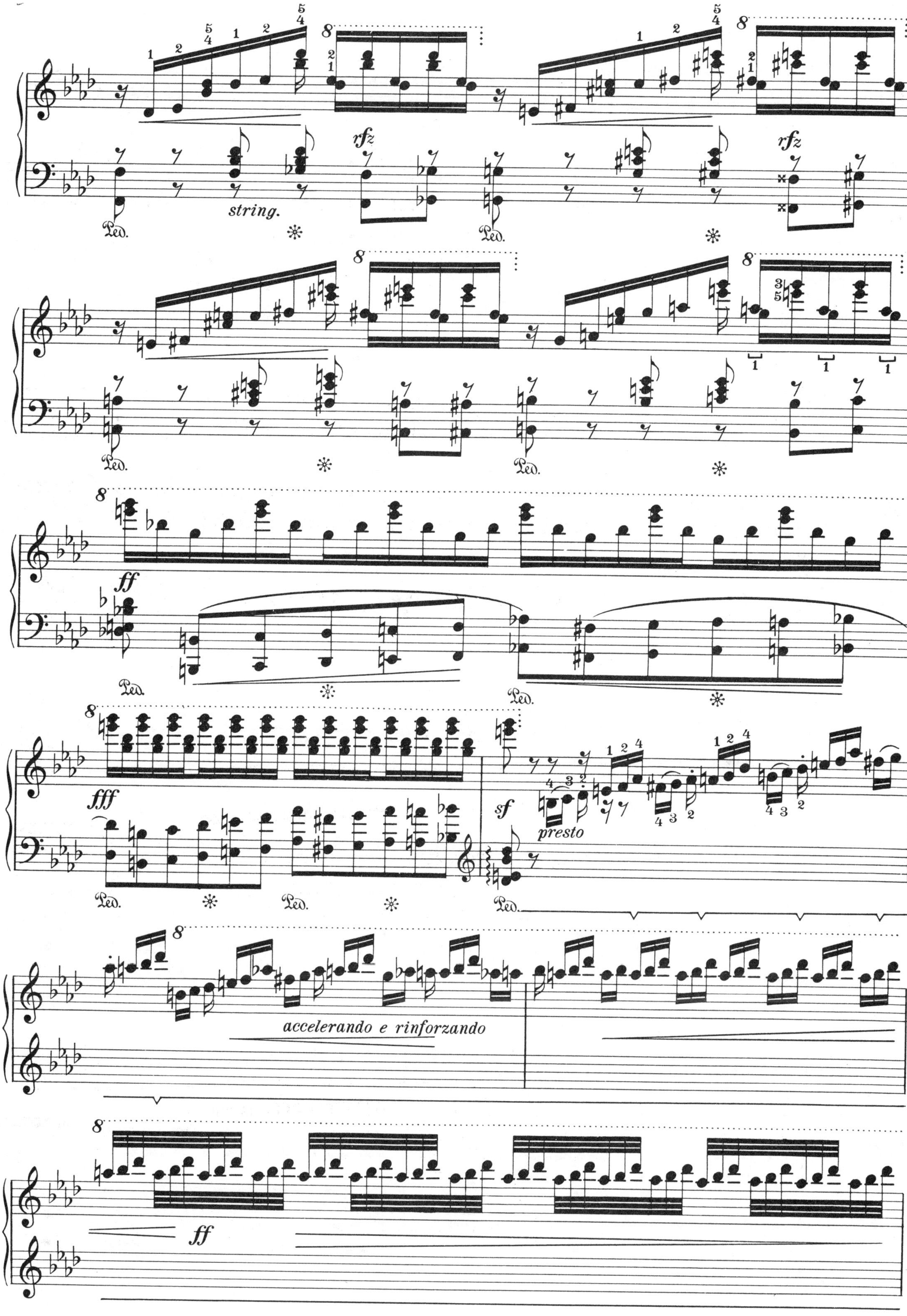
string.
rfz
Ped.
ff
fff
sf
presto
accelerando e rinforzando

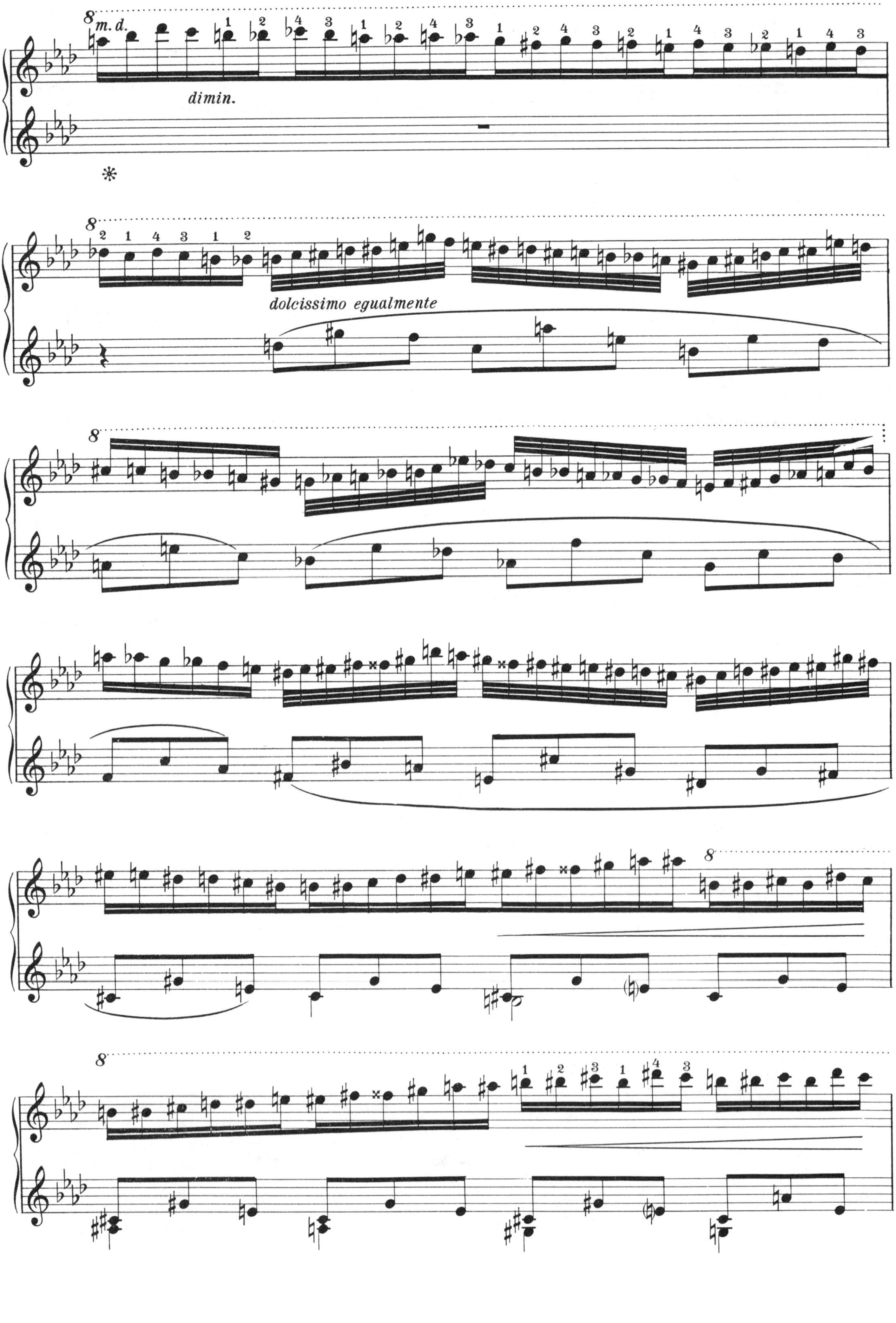
m. d.
dimin.
dolcissimo egualmente

pp subito
dolcissimo
Ped.
accelerando
(1 2 1 5 2 1 5)
poco ritardando
a tempo
p
dolcissimo

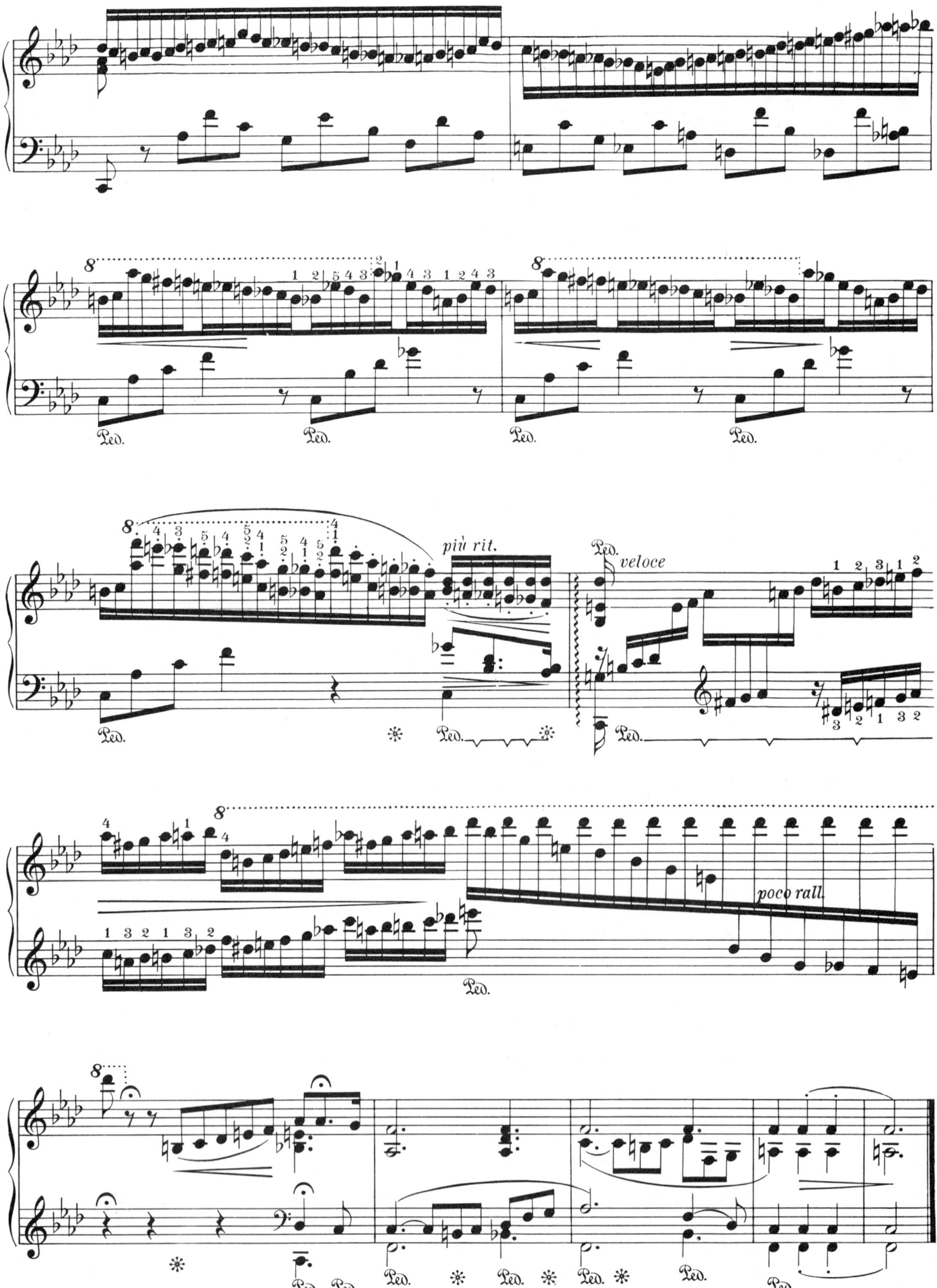
più rit.
veloce
poco rall.
Ped.

Trois Études de Concert.

III. Un Sospiro.

Franz Liszt.
(1811-1886.)

*) Diese berühmte Etüde ist in erster Linie eine Klang= und Pedalstudie. Die Wirkung des An= und Abschwellens ist nicht nur von einer absoluten Glätte der Passagen und e-galisierter Fingerkraft, sondern auch von fei-nen Mischungen der beiden Pedale abhän-gig.

**) Die nach unten gestrichenen Noten sind mit der linken, die nach oben mit der rech-ten Hand zu spielen.

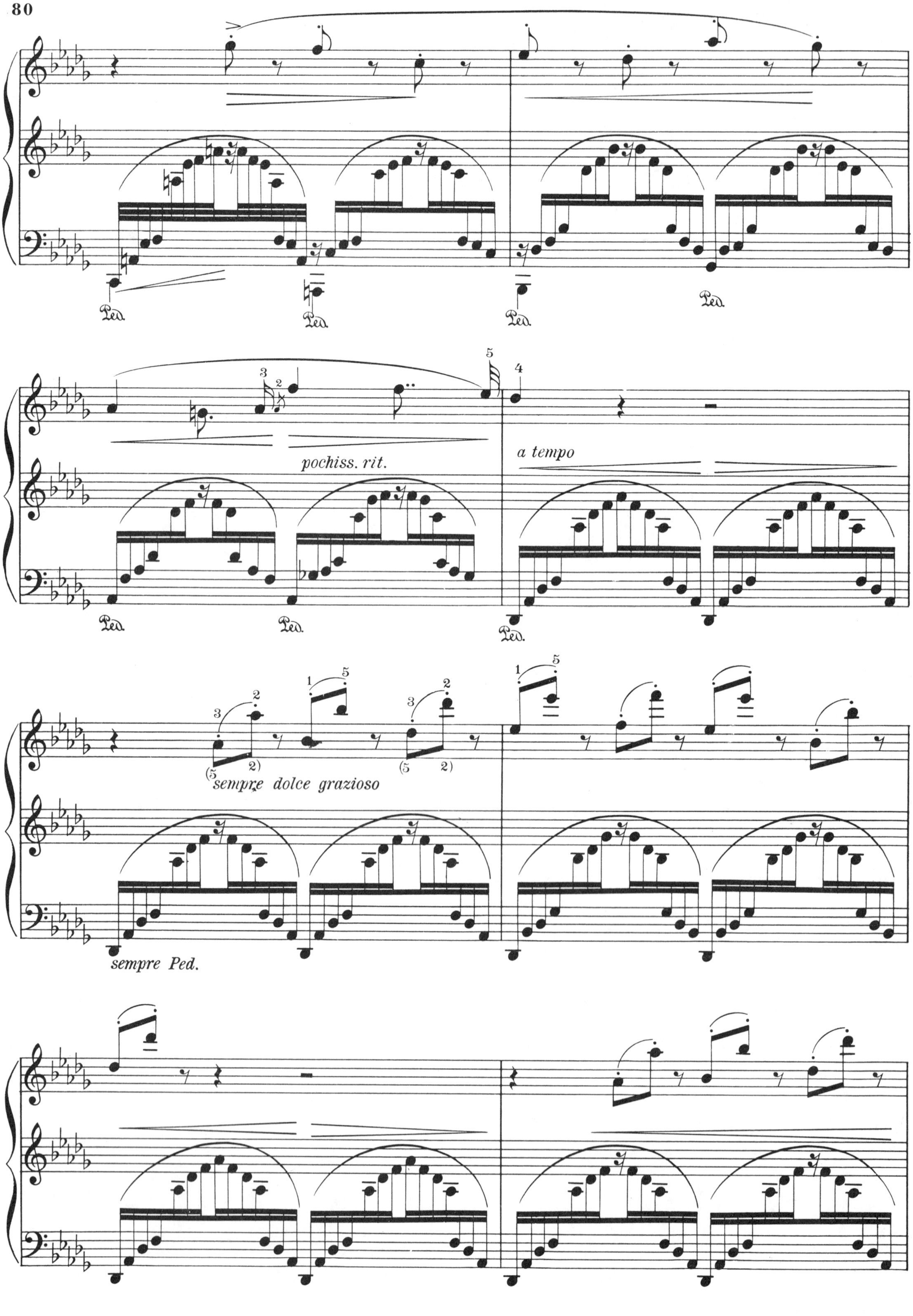
Ped.
pochiss. rit.
a tempo
sempre dolce grazioso
sempre Ped.

*) Den Eintritt der kleinen Terz (des moll)
deutlich anzeigen (um ein Geringes breiter
werden.)

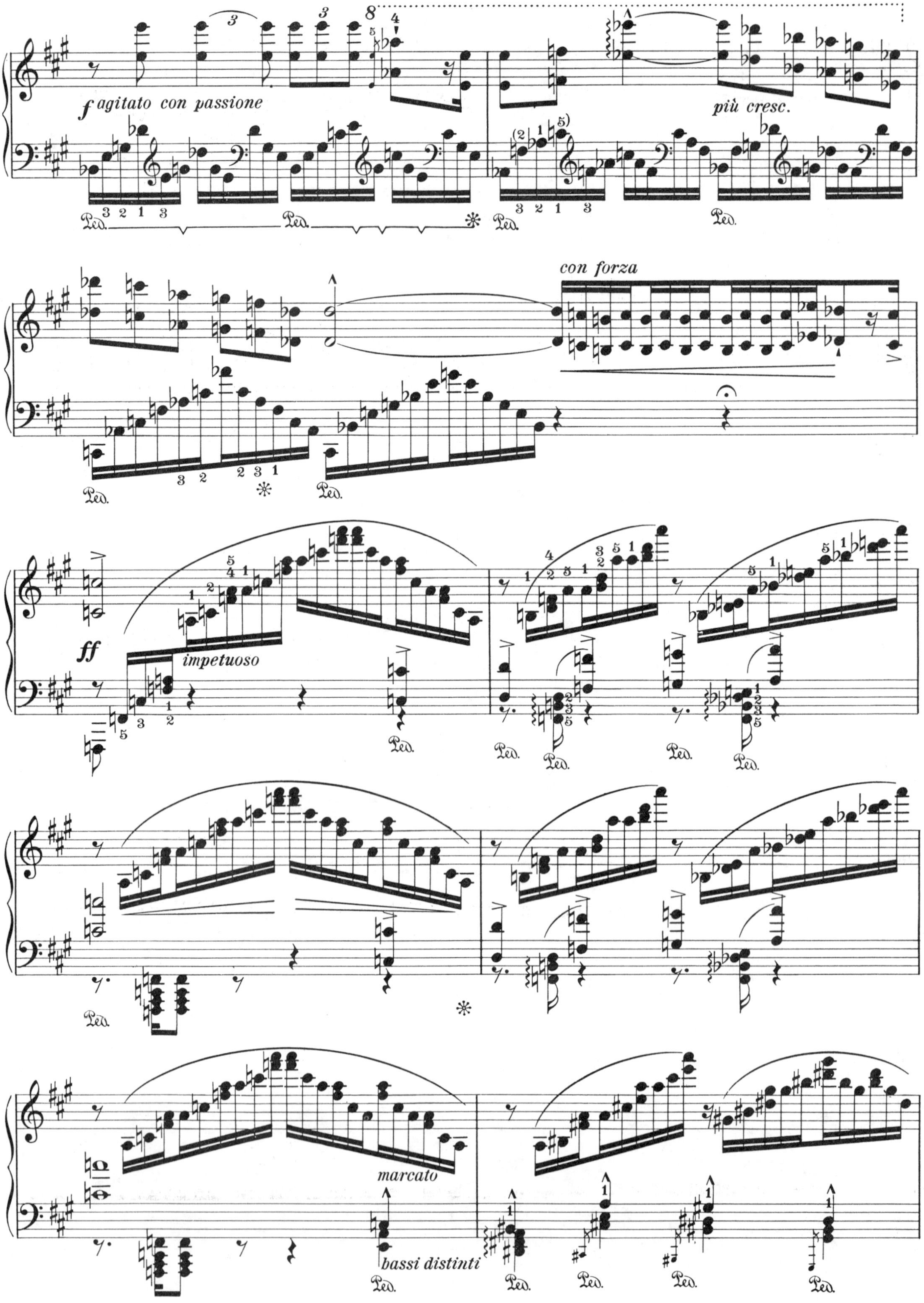
agitato con passione
più cresc.
con forza
ff
impetuoso
marcato
bassi distinti

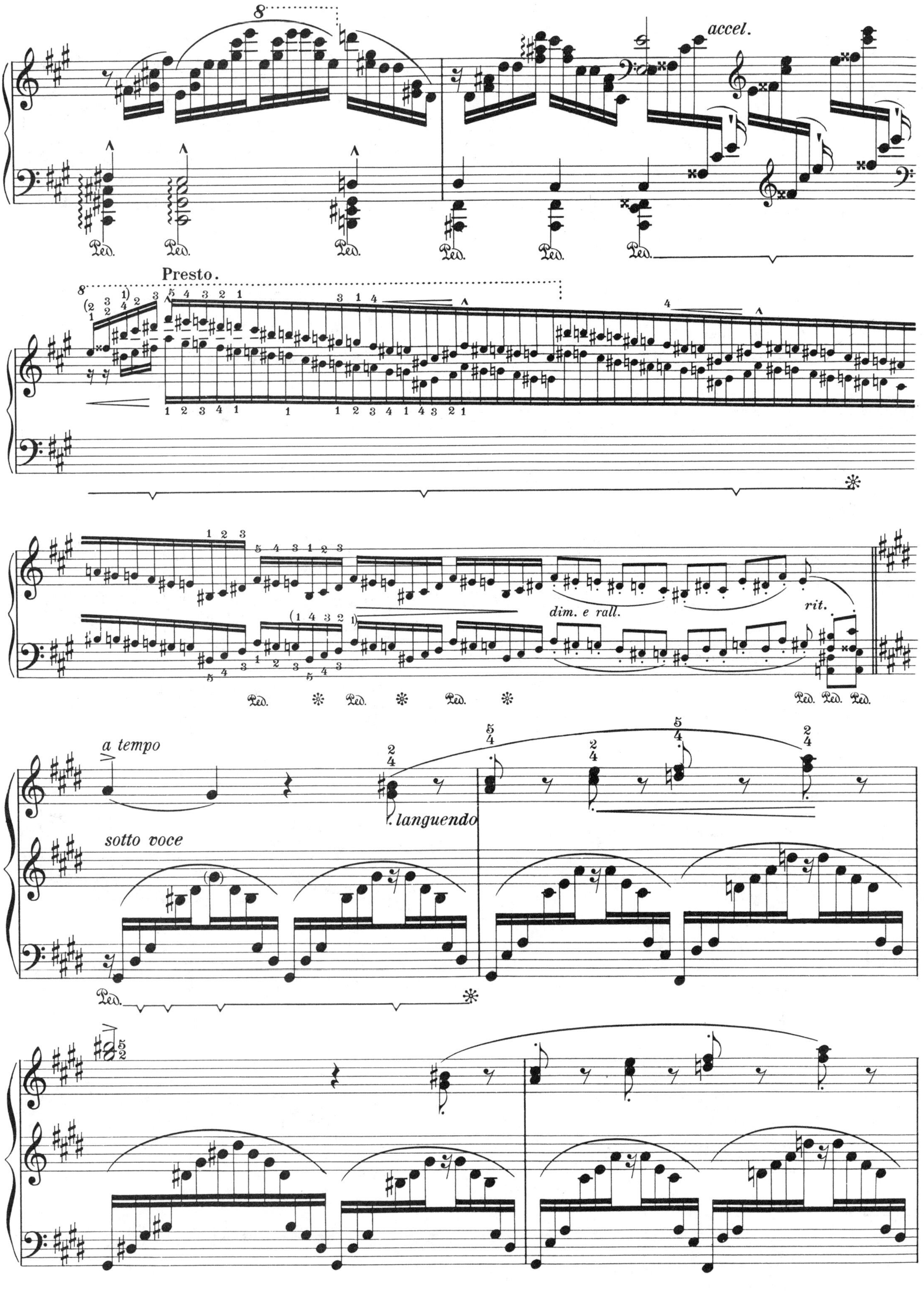
accel.
Presto.
dim. e rall.
rit.
a tempo
sotto voce
languendo

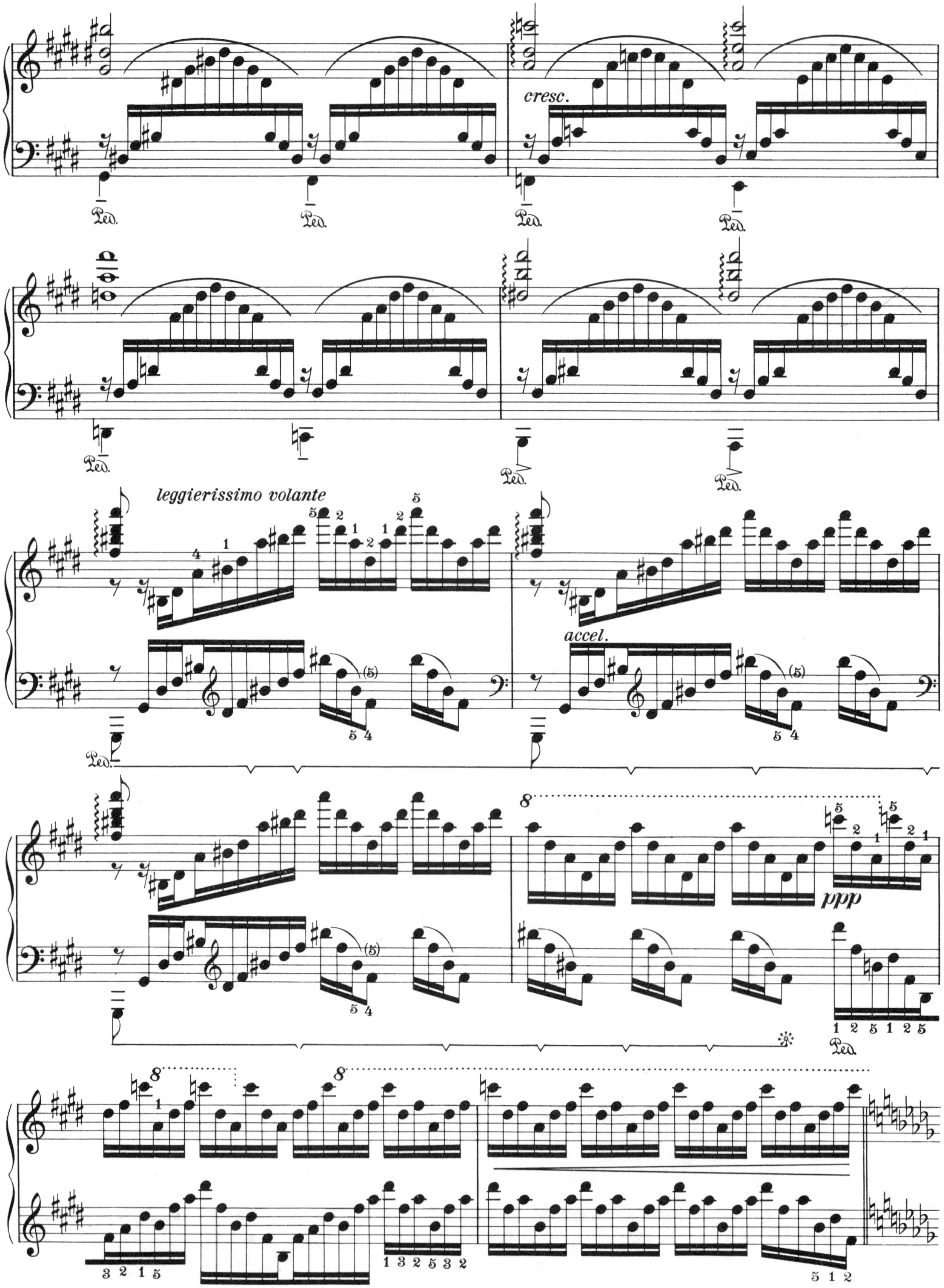
cresc.
leggierissimo volante
accel.
ppp
Ped.

pp velocissimo

Un poco più mosso.

non legato
p dolce egualmente

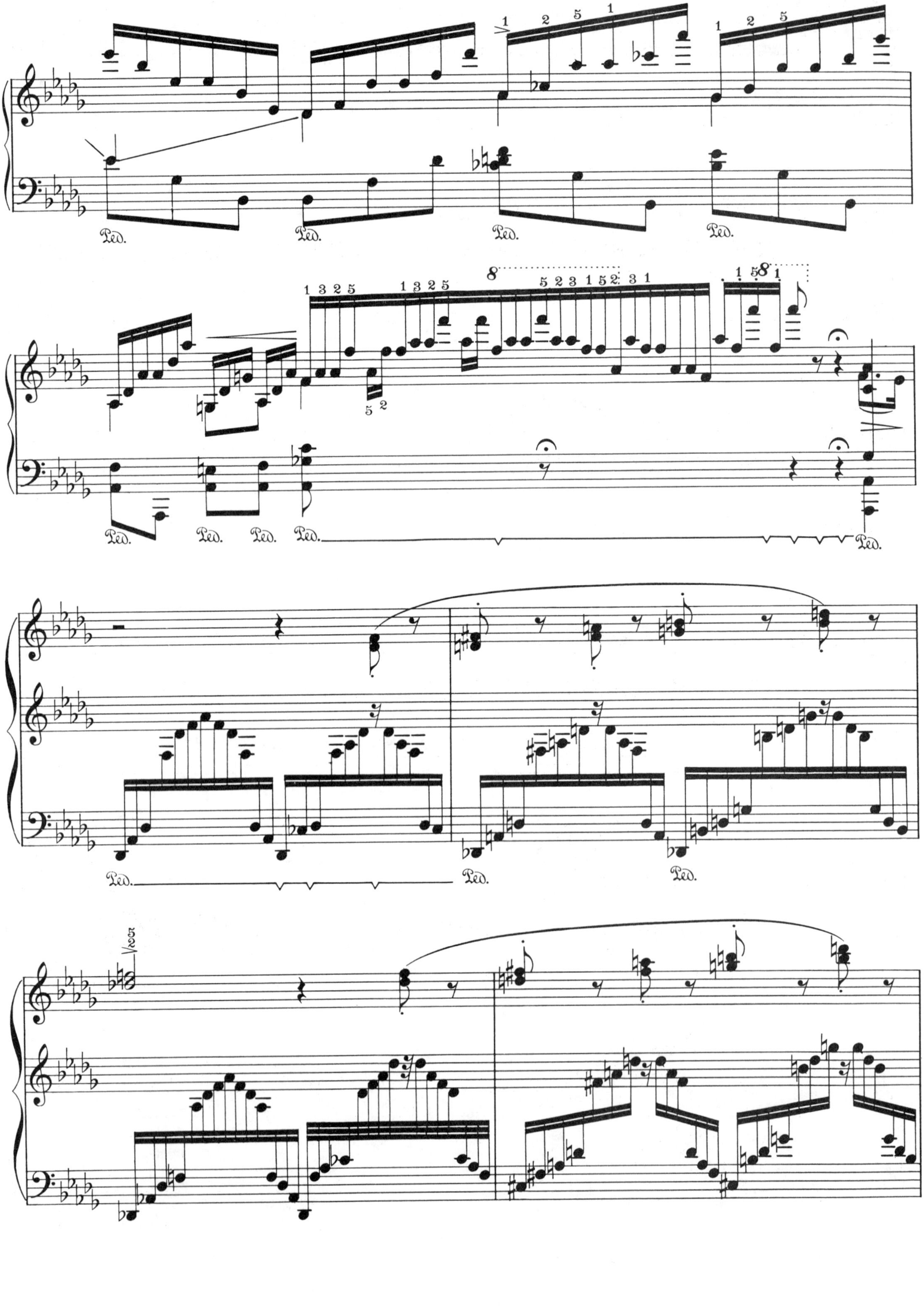
Ped. Ped. Ped. Ped.
Ped. Ped. Ped. Ped. Ped.
Ped. Ped. Ped.

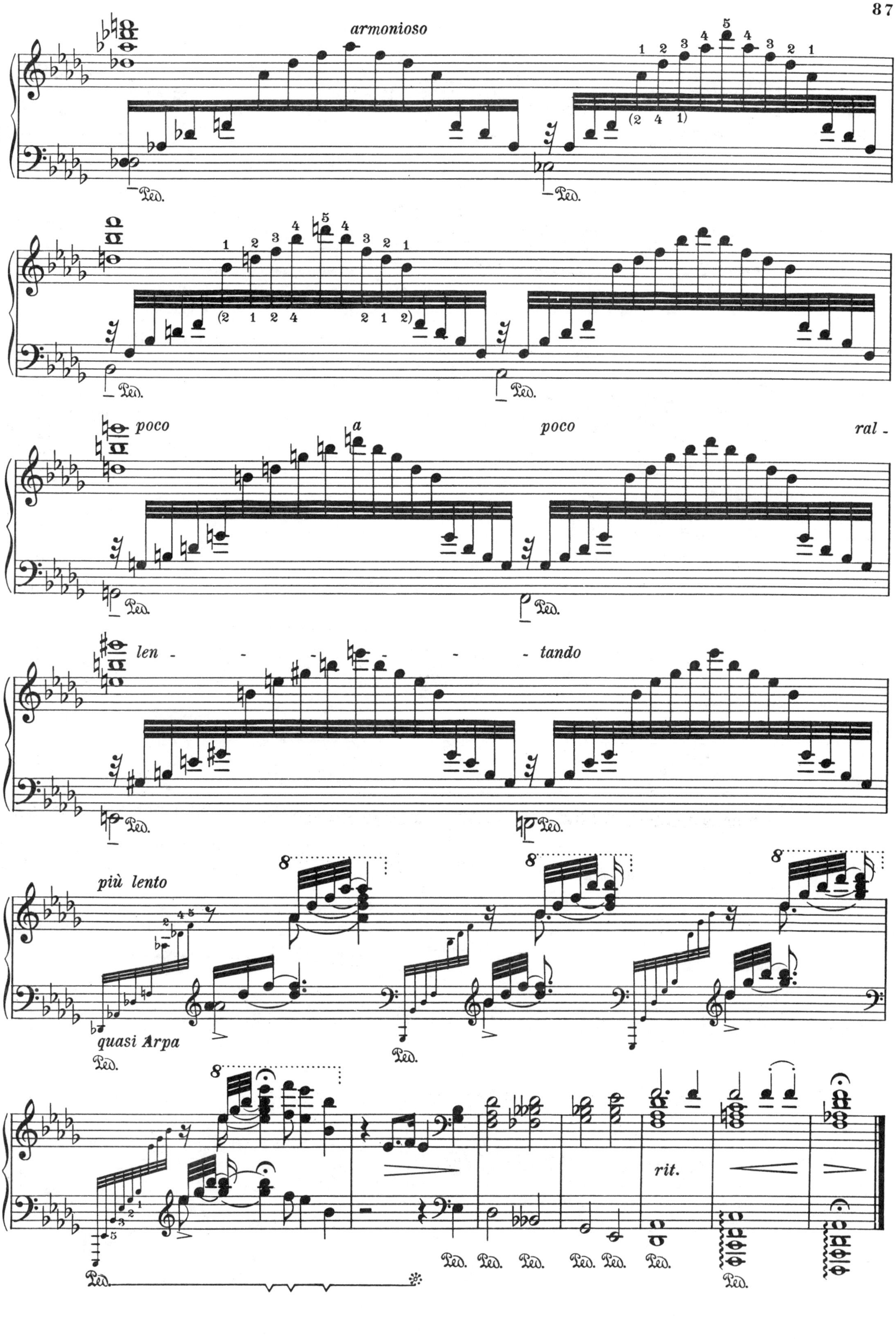
armonioso
poco
a
poco
ral -
len
tando
più lento
quasi Arpa
rit.
Ped.

Große Etüden nach Paganini

Clara Schumann gewidmet.

3.

La Campanella.

Franz Liszt.
(2. Ausgabe. Komponiert 1838, umgearbeitet 1851.)

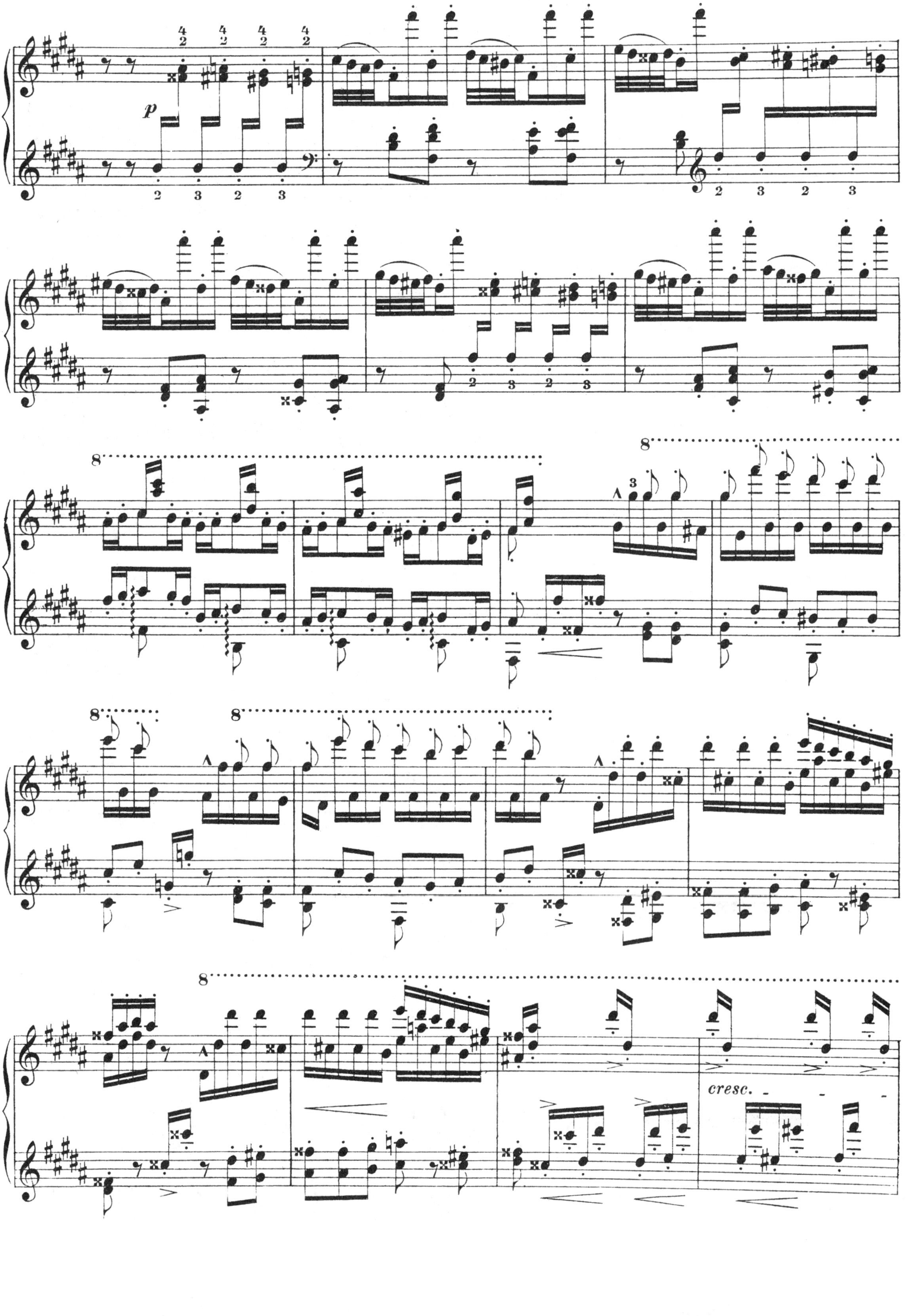
p
cresc.

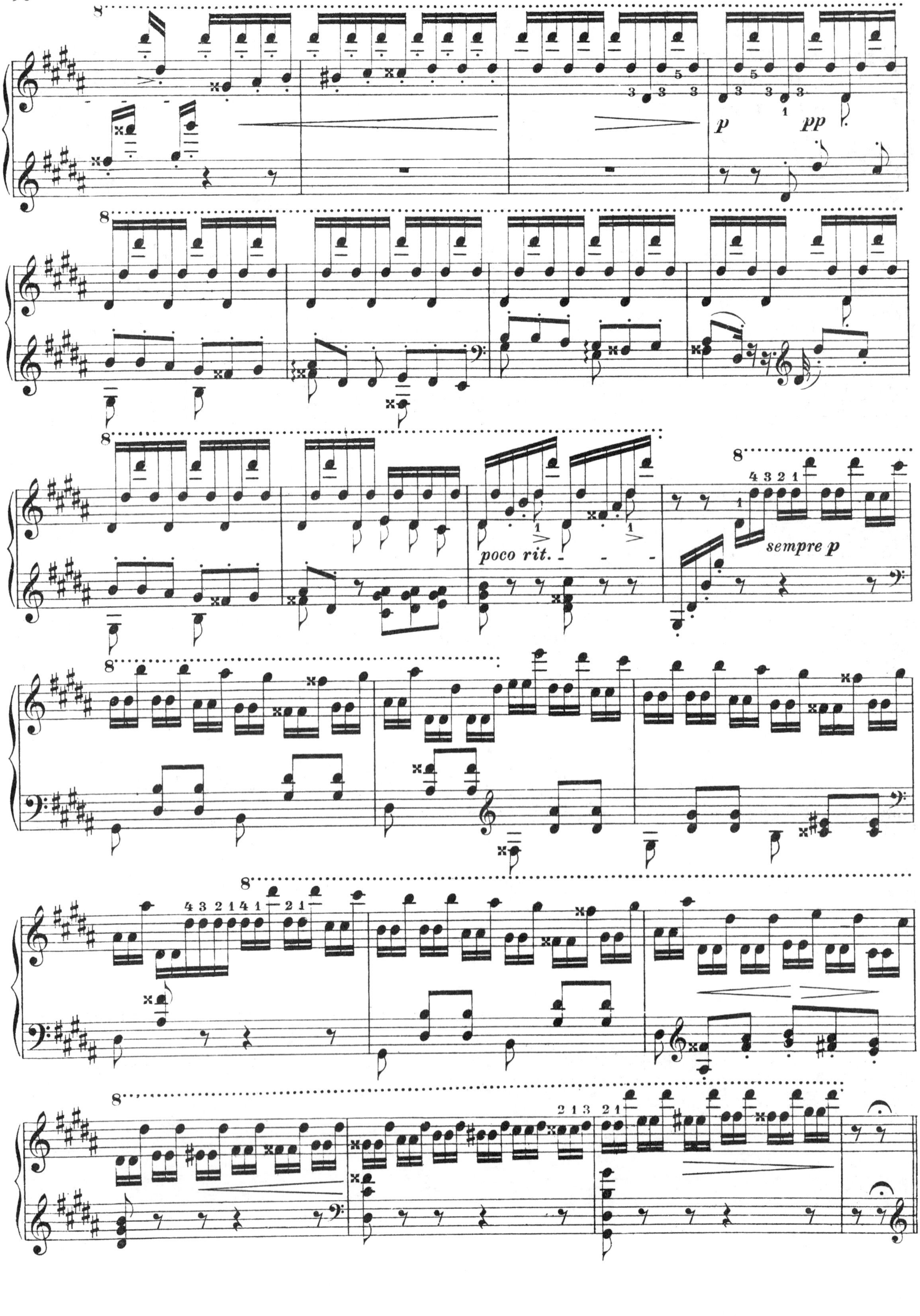
p
pp
poco rit.
sempre p

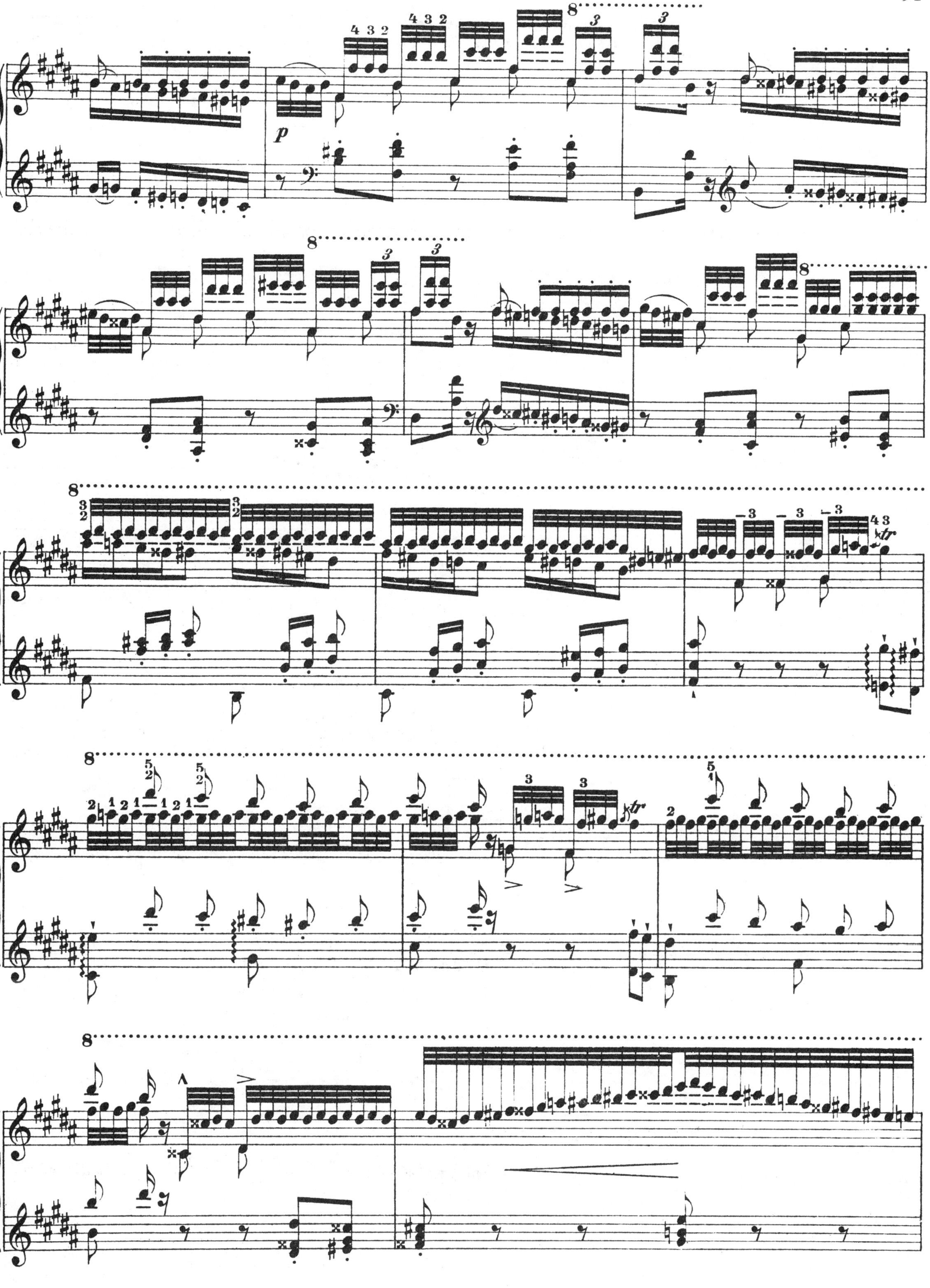

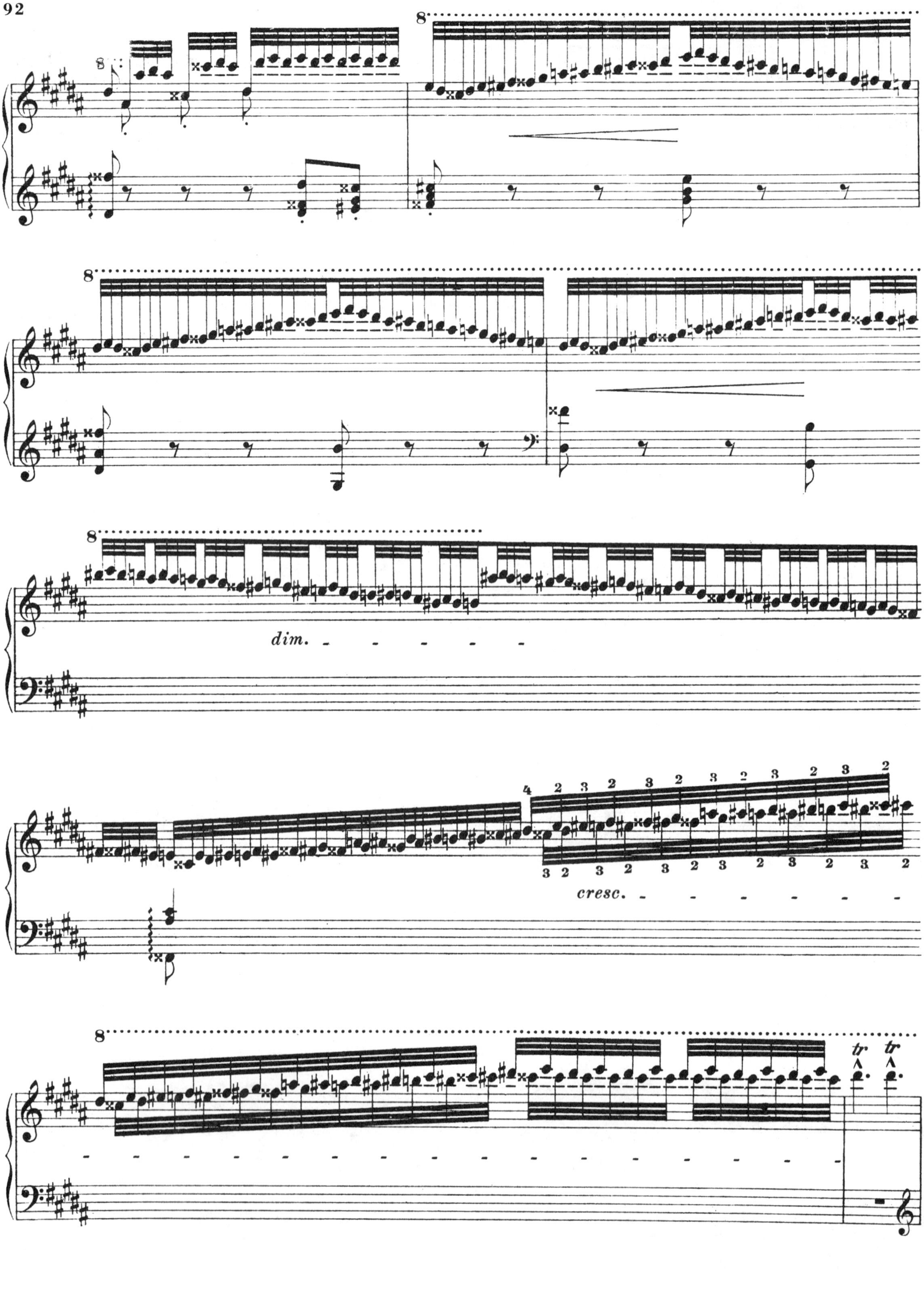
dim.
cresc.
tr
tr

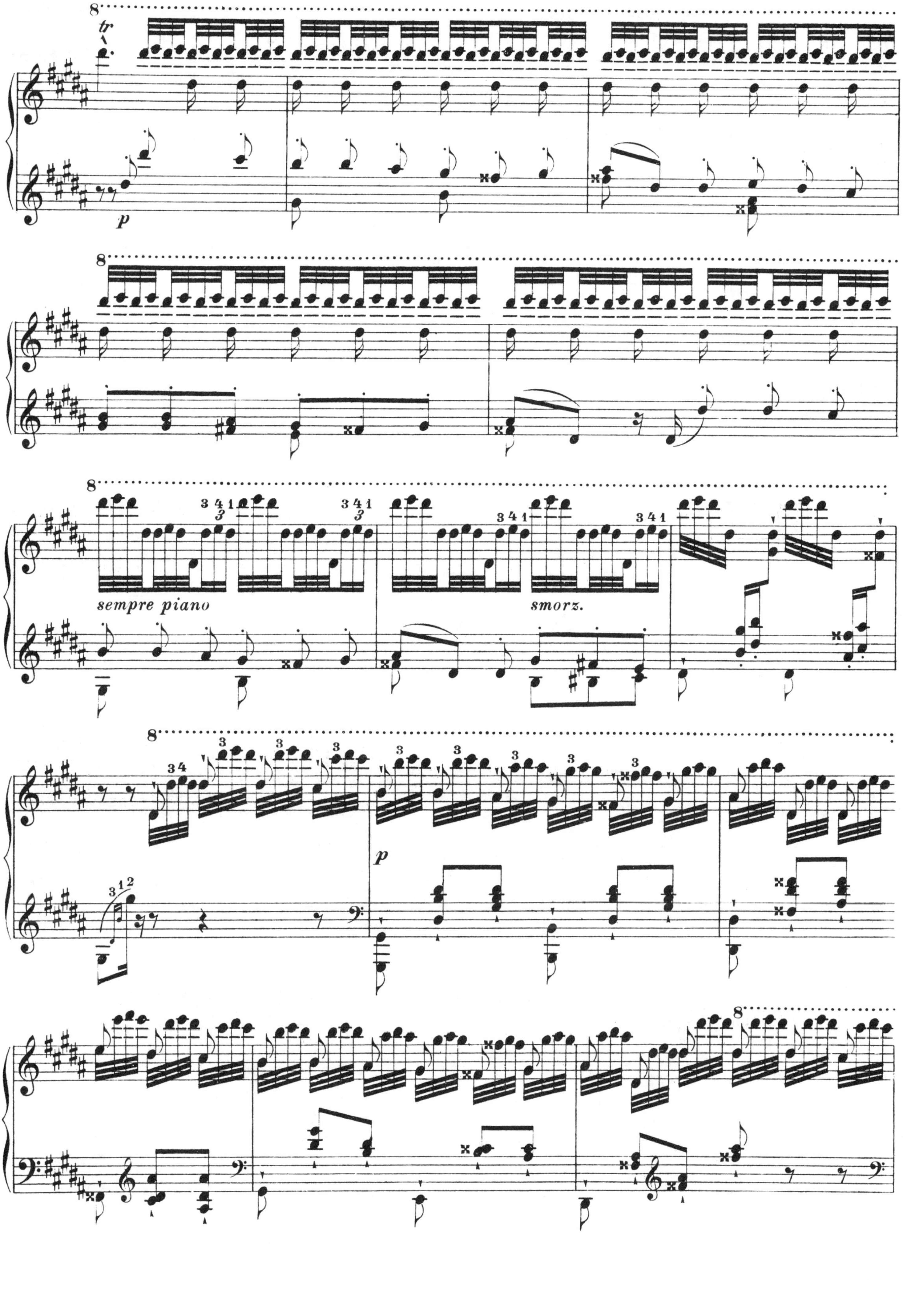
sempre piano
smorz.

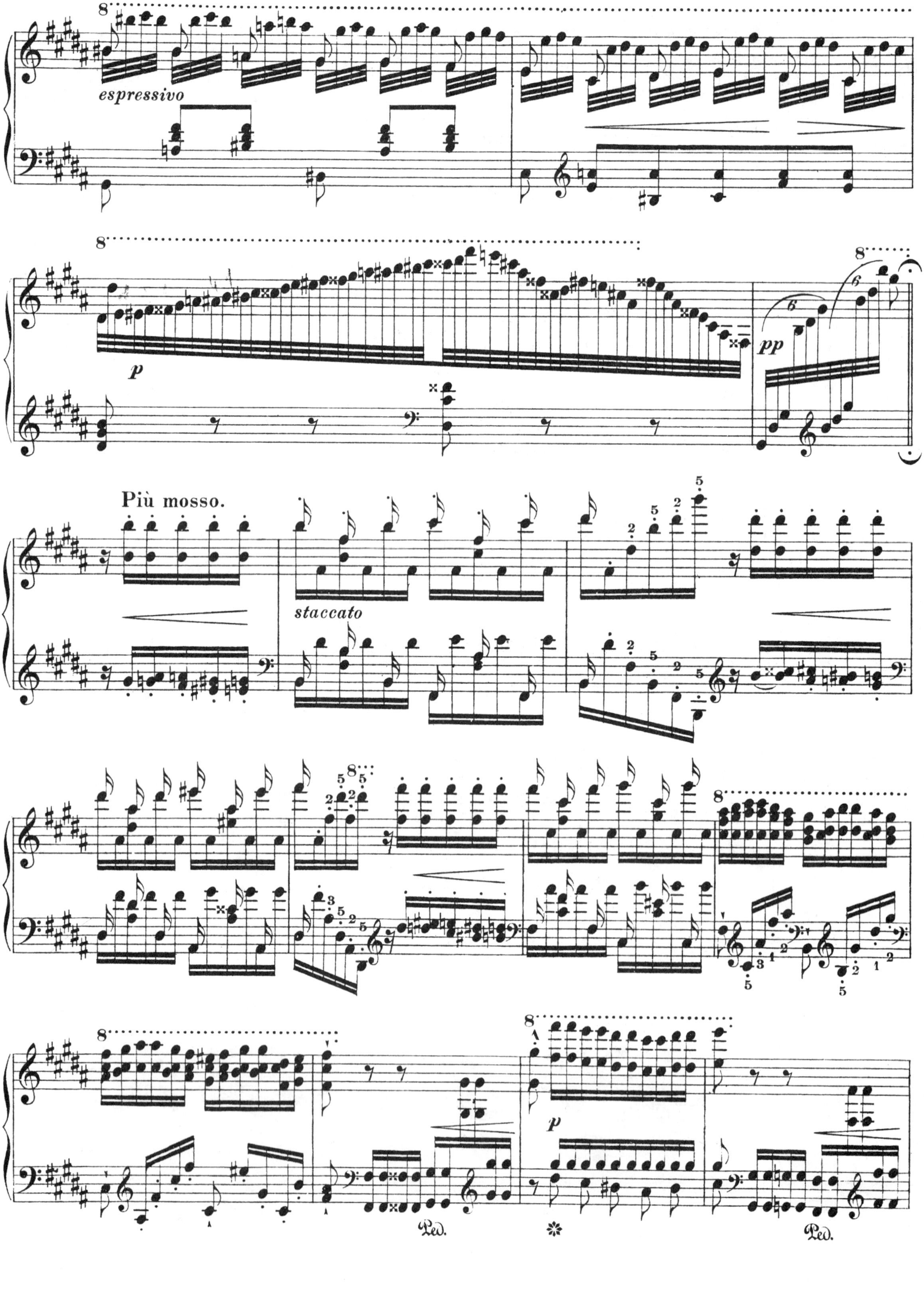
espressivo
p
pp
Più mosso.
staccato
p
Ped.
Ped.

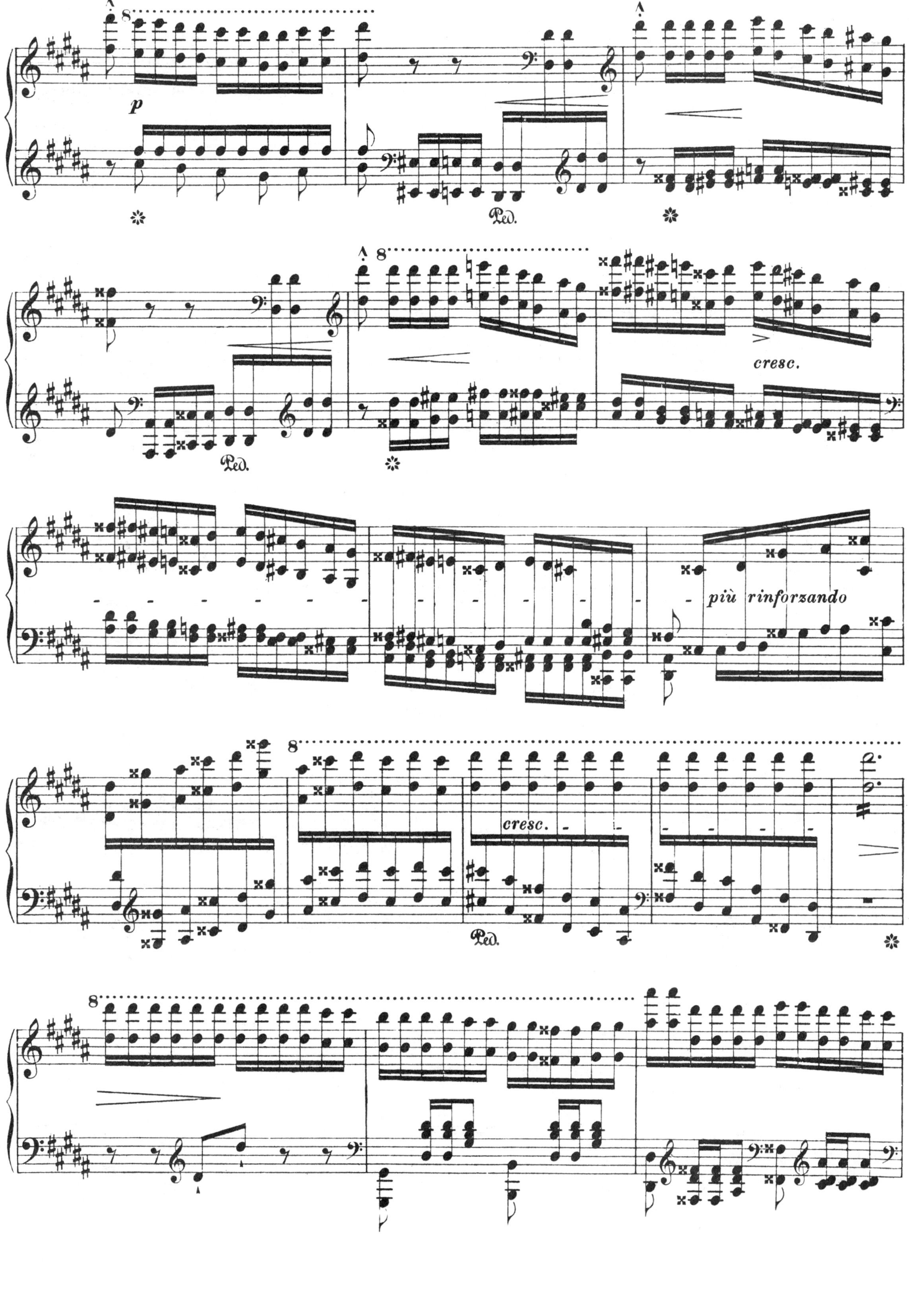
8
p
Ped.
cresc.
più rinforzando

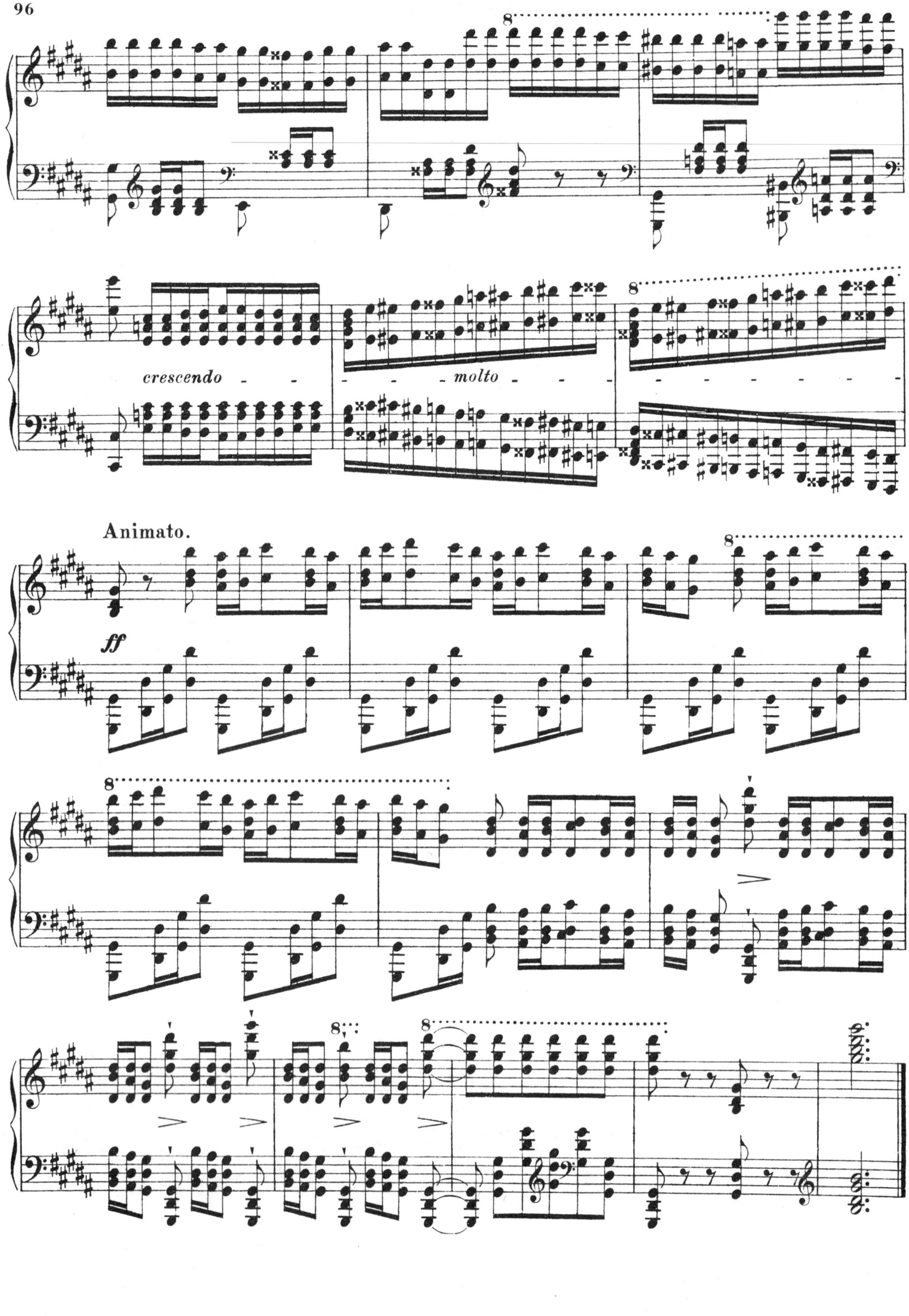
crescendo
molto
Animato.
ff